法律启迪智慧 3

美国·日本·澳大利亚卷

余定宇　著

法律出版社
LAW PRESS · CHINA
北京

图书在版编目(CIP)数据

法律启迪智慧 . 3, 美国 · 日本 · 澳大利亚卷 / 余定宇著 . -- 北京 : 法律出版社 , 2023
ISBN 978-7-5197-8047-0

Ⅰ. ①法… Ⅱ. ①余… Ⅲ. ①法律—美国—青少年读物②法律—日本—青少年读物③法律—澳大利亚—青少年读物 Ⅳ. ① D9-49

中国国家版本馆 CIP 数据核字(2023)第 124728 号

法律启迪智慧 3: 美国 · 日本 · 澳大利亚卷
FALÜ QIDI ZHIHUI 3 : MEIGUO · RIBEN · AODALIYA JUAN

余定宇 著

责任编辑 张心萌
装帧设计 鲍龙卉

出版发行 法律出版社
编辑统筹 学术 · 对外出版分社
责任校对 裴 黎
责任印制 陶 松
经　　销 新华书店

开本 A5
印张 5　　字数 90 千
版本 2023 年 9 月第 1 版
印次 2023 年 9 月第 1 次印刷
印刷 三河市龙大印装有限公司

地址: 北京市丰台区莲花池西里 7 号(100073)
网址: www.lawpress.com.cn
投稿邮箱: info@lawpress.com.cn
举报盗版邮箱: jbwq@lawpress.com.cn

销售电话: 010-83938349
客服电话: 010-83938350
咨询电话: 010-63939796

书号: ISBN 978-7-5197-8047-0
定价: 39.00 元
凡购买本社图书, 如有印装错误, 我社负责退换。电话: 010-83938349

目录

contents

环球法旅——法律的趣闻

Justice

导言：法律的内幕

本书的作用，是希望在普通公民的阅读范围内，最终为法学赢得一席之地。它将能引导起公众对法学的一种兴趣，而这种兴趣，最终，则必将会转化为我们社会走向法治的一种智慧。

——作者

在远古，回望地球，人类的祖先，还只是一群奇异而多毛的怪物。他们日日艰难地、困苦地，然而又总是人人自由地、平等地，游荡在同一片天空下。

经历过几百万年的艰难进化岁月，在极端严酷的生存竞争之中，这些昔日的野蛮人，一直在不停地挣扎着学做“人”。一代又一代，他们除始终坚持了那种“自由平等”的天性外，同时，也渐渐地学到了“公平”“正义”这两个社会和谐的最高准则。于是，年复一年，日复一日，在这些早期的人类中间，其实，就已经创造出了一种我们今日称之为“法律”的东西。

问世间，法是何物？法其实是一种“公平正义的行为习惯”。原始人在漫长的共同生活、共同进化的过程中，无可避免地产生出了许多诸如爱心、同情、诚实、公平以及权利、义务、秩序、正义等情感品质和风俗习惯。这些人类所特有的最可宝贵的情感习惯，无论在过去、现在或者将来，都是一切人群普遍尊崇的行为准则，都是人类大厦一些最永恒的支柱。正是缘于这种高尚的情感习惯，这群半人半兽似的怪物，才能有效地维持社会的和平与秩序，保障族群的进化与繁衍，从而，令一切文化科学乃至法学的进步，得以绵绵而生。亦正由此，这些原始人类的后代，才得以大步跨出荆棘丛生的丛林，渐渐地，所向披靡地发展成这个星球上最成功的一群。

但不幸，在人类这些高贵的好习惯不断发展的同时，另一些截然相反的坏习惯，例如，恃强凌弱、统治他人，掠夺他人、奴役他人，把自己的意志强加于他人等不良欲望，也相伴而生。5000 年前，亦即在人类开始进入阶级斗争、阶级压迫时代的时候，这些仅对少数人有利的坏习惯，被一小撮统治者们用法典的形式，以及监牢、铁链、皮鞭和大刀，强加给了全体的民众。从这时候起，法律的殿堂便开始蒙污。

5000 年来，在阶级社会里，人类的法律与人类的历史一样，都变成了一种文明与野蛮、“好习惯”与“坏习惯”并存的奇怪混合物。但“公平正义”消失了吗？没有。推开一道道神秘的法律之门，我们可以清楚地看到：一部漫长的世界法律史，其实，便正是一部“好习惯”与“坏习惯”的漫长战争史，也是一部“天理人权”与“统治阶级意志”的激烈抗争史。无可否认，法律的这种二重性一直延续到今天，而这场残酷的战争也一直持续到今天。但今日，历经 50 个世纪的艰难血战，回首前尘往事，我们终于可以欣喜地发现："公平正义"的理想之光，已重新照亮了许多国家的法律殿堂。而那些违反"公平正义"、践踏"自由平等"的"坏法律"和司法"坏习惯"，亦正开始在全球的范围内渐渐败退。

再问世间，法是何物，直教人生死相许？法，其实便是"自然天理"，法，就是"自由平等"。法起源于人类的"行为习惯"，而法的本质就是"公平正义"。所以，一切法律的故事，其实，便都应是关于"公平正义"的故事，而不应是关于刑罚镇压、铁窗与镣铐的故事；都应该是人类"自由平等"的故事，而不应是人类的专制与压迫的故事。5000年来，对"自由平等"和"公平正义"的热切追求，已成了全人类最共同的梦想，而那些世界各国世代流传的所罗门、包青天、安提戈涅、苏格拉底等人为追寻正义而不屈不挠的经典法律故事，那些公平正义如何终于在最后取得了胜利的无数个精彩法律故事，无形中，便已成为一座座记录着人类前进足迹的里程碑。

有一位法学家曾经说过："法律的目的不是要废除或限制人民的自由，而是要保护和扩大人民的自由。"有一位法学家也曾经讲过："法律是人类最伟大的发明。别的发明让人类学会驾驭自然，而法律的发明，则令人类学会如何驾驭自己。"

今时今日，全世界的法治潮流，已化作了一阵阵拍岸的涛声。而中国人，在经历了整整一个世纪漫长而又痛苦的摸索之后，也终于又一次历史性地站到了一个法治时代的大门口。我们再也不能犹豫观望、左右徘徊了——中国的法律现代化进程要加速进步，中国的法制要与国际先进潮流接轨，这既是100多年来中国无数志士仁人为之苦苦求索、奋斗的一个强国梦，在今天，亦已经成了一个无可阻挡的历史趋势。当此时候，我们不妨再一次走出国门，再一次去睁开眼睛看世界，去到那天之涯、海之角，去追寻一下世界各国的法律故事，去探索一下人类古今的法治精神。

有人说，法学是一个大迷宫。但其实，法学是对人类灵魂的一种指引。只要你肯用心去看，肯用心去听，并懂得不时从这个迷宫里抬起头来，仰望一下星空，那么，你便会发现："自由平等"和"公平正义"的法学理想，是怎样恒久地照耀着人类历史的过去，而同样，它们亦会怎样恒久地照亮——我们这个伟大民族的将来。

楔子：神秘的足迹

370万年前，非洲东部，坦桑尼亚境内，那座山顶终年积雪的乞力马扎罗山上，发生了一次猛烈的火山爆发。炽热的火山熔岩从四面八方奔涌而下，无情地摧毁了百里之内的一切事物和生命——包括山川、河流、森林、湖泊，还有，一切栖息在这里的飞禽走兽。今时今日，这座巨大的史前火山群遗址，已变成了塞伦盖蒂国家公园的一部分，公园里，厚厚的火山灰岩层下，大量埋藏着的动植物化石，至今仍在无声地记录着那一场远古的浩劫。

1976年，一支考古队在此地的一个湖边，发现了一行神秘的足迹——人的足迹。那些足迹的化石，历经370万年的风风雨雨，至今仍完好地保留在火山脚下那一片火山灰岩层上。据考察，脚印是由三个直立行走的原始人所留下的——一男一女、一个小孩。三种大小不同的足印，由南向北，长约50米，渐行渐远，然后在湖边消失。从足印的长度来推算，男的身高最多只有140厘米，女的只有120厘米，比现代人的身高要矮得多。

足迹震惊了世界。如果这些足迹真的是人的脚印的话，那么，人类历史的起源，就将无可争辩地往前整整推进了200万年！

这些神秘的足印也引发了人们无穷的遐想：在那场遥远的浩劫后，非洲的天幕下，为何会出现了三个半人半兽似的小矮人的身影？他们或许是此地的匆匆过客？又或许是那场灾劫的唯一幸存者？总之，在一缕缕劫后的余烟和那一派史前的死寂之中，他们确曾在此地徘徊过。或许，他们曾悲哀地对望过一眼，然后，无可选择地黯然离去，艰难、迷茫地重新踏上了他们的命运旅途。而在他们的身后，那厚厚的火山灰泥泞上，无意中，便留下了一行深深的足印。

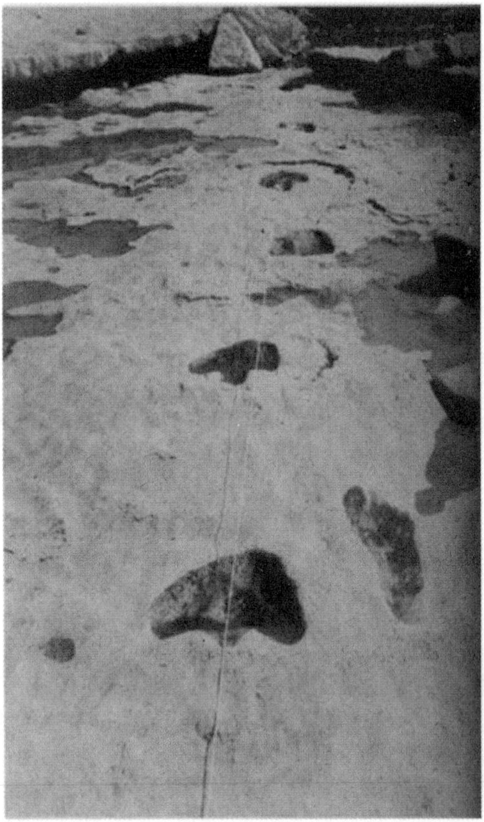

考古发现的远古人类脚印和不知名的动物脚印。

他们从何处来？又要往何处去？夕阳西下，满目疮痍，在那一片万古的蛮荒里，这一家三口的结局又将会是如何？这一切的一切，现代人都是无法知晓的了。但人们所能知道的是：早在370万年前，人类的历史便已经开端。而在非洲的一片荒野地上，有三个小矮人，曾留下过一行地球上最伟大的脚印。

有了人，就开始有了人类的历史，就会慢慢地开始有人类法律的故事。所以，我们的世界法律之旅，第一站，便打算从非洲开始。

Justice

新大陆阳光

——法治的成长

从英国人的“天赋人权”，到法国人的“自由、平等、博爱”，到美国人的“你有权保持沉默”，世界法律的故事是如火如荼地继续展开。国家有兴亡，王朝有更替，文化有散聚，宗教有盛衰，只有“公平”和“正义”，默默无声地站立在无数次失败和毁灭的基础上，顽强地一直向前发展。

Justice

威廉斯堡游记：美国历史的遗传密码

“乡镇自治的传统，是美国人的‘人民主权’和‘公民自由’原则的根源。”

——19世纪法国历史学家、政治家托克维尔：《论美国的民主》

1607年5月，有3艘其貌不扬的英国帆船，搭载着100多名英国寻宝者，在历尽大西洋的狂风恶浪之后，终于悄悄地驶到了北美洲詹姆士河口附近的海岸。他们在疟疾横行的沼泽地里搭起了一个营寨，于是，英国在美洲便有了第一块殖民地——詹姆士城。

然而，第一个冬天过去了，宝藏没有寻到，黄金也不见影踪，美洲原野的暴风雪却令这一批寻金者们死掉了一大半。幸好，活着的30人得到了印第安土著的帮助，开辟森林，种植玉米、马铃薯以活命，并在绝境之时，无意中发现了一种绿色的黄金——烟草。

就这样，冥冥之中，便有一只看不见的手，将写下美利坚民族未来发达史上3个显著的遗传密码——万宝路（烟草业）、麦当劳（炸薯条快餐业），还有——罪犯。

为迅速扩大烟草业而快快致富，当时，人数寥寥无几的第一批英国移民，竟然风波万里地奔回到祖国，开出“十镑一人”的价钱，诱使英国政府把犯人卖到这荒蛮大陆来做苦工。而见钱眼开的詹姆士一世又居然同意了这宗肮脏的交易，于是，其后便有了1620年第一批英国犯人被卖猪仔、乘坐著名的“五月花”号三桅帆船抵达美洲的故事，便有了那102名犯人和受迫害的清教徒难民们在船上共盟著名的《五月花公约》，共创“自由、平等”的美国精神的传奇。此后的100多年间，仅有官方记录可证的、被卖去美洲烟草种植园的猪仔罪犯便多达10万名，其他以各种方式涌入美洲的流放犯、逃亡犯更是多得不计其数。这些胆大妄为，无法无天，对政府和法律心存愤恨的犯人们，无可讳言地，便成为美国白人最早期和最主要的祖先。

现在，我们终于踏上了这块神奇的大陆。我们的法律之旅的第一个拜访地，首先，便来到美国南部弗吉尼亚州的威廉斯堡，来到了这个“美国历史开始”，也是“美国法律开始”的地方。

威廉斯堡位于詹姆士城的东北方约10公里处，它的前身是弗吉尼亚州的首府。当年的詹姆士河两岸，大片大片的烟草种植园绵延30多公里。1619年，随着殖民地的日益兴旺，英国派来了一名总督，总督则随身带来了英国的法律和制度，于是，“法律”这东西，也随着犯人们一起漂洋过海，登上了这片金色的大陆。据说，当时，詹姆士城仅有1000名罪犯和公民，他们平等地选派出22

五月花公约（Mayflower Compact），美国画家Jean Leon Gerome Ferris（1863–1930）创作。

名“公民代表”，组成一个“议会”，与总督一起议事论政。可见，“议员”“国会”“法律”这些遗传基因，在美利坚合众国远未诞生之前，就已经缓缓地流淌在这些新移民的血管里了。

一走进威廉斯堡，我们不禁怀疑起自己是否返回了古代——只见这里满目是 17 世纪英国小镇的风景：一幢幢乔治亚式的大尖顶楼房上，飘扬着一面面英国的米字旗；街上行走的人们，都穿着 300 年前的服装；一个古老的大风车磨坊下，几个古装的村妇正悠闲地拿着木杷扒拉着金黄色的麦梗；风车旁边的几家农舍院内，白色的木篱笆墙下，几个农妇正在用小刀劈木条、编织箩筐，一团团雪白纤细的橡木条在她们灵巧的双手下编成一个个漂亮的篮子，一边织、一边嘻嘻哈哈地唱歌。在她们身旁，几只骄傲的大火鸡在草地上踱步，对游客们好奇的赞叹不屑一顾。最奇特的是，街道上不时会响起一阵鼓乐声和整齐的脚步声，一小队头戴华盛顿式的三角帽、身穿白衬衣、脚穿白长袜、手持长长的旧式火枪的民兵巡逻队，威严地在粗砂地上列队走过，吸引了不少游客们惊讶的目光……

这一切并不是时光倒流。其实，这些古朴的街道、农舍和风车，都是 30 多年前才重新修复或重建起来的，那些村姑民兵们，亦都是由工作人员扮演的。由于美国人十分珍视他们那一段短短的历史，所以，在昔日的威廉斯堡，他们就建起了这么一个美国历史的“国家公园”。当年的詹姆士城，据说曾因一场火灾而被烧成白地，总督府和议会迁来此地后，威廉斯堡便由此而发展起来，而今日的詹姆士城，则只剩下一个芦苇丛生、满目荒凉的小岛了。

在小镇大街的尽头，我们参观了那座堂皇气派的总督府。总督府的红砖院墙外，摆放着几尊古老的铁炮，一大群孩子，不分男女，都戴着一顶民兵三角帽，在古炮上跳上跳下地玩耍。一进总督府的大门厅，那个奇特的天花板映入我们眼帘：以天花板的中点为圆心，由内向外，放射性地镶嵌着一圈数十把短刀，短刀圈外，是更大一圈的长枪。据介绍，这短刀与长枪的装饰物，象征着总督的权力，表面看似杀气腾腾，但其实，历任美洲殖民地的总督们，大都是十分“民主”的。因为英国远在天边，对殖民地的关注微乎其微。殖民地总督们的吃饭、穿衣和办公经费问题，一向要靠“公民代表”组成的议会来决定，靠“纳税人”的血汗来供给，所以，也算是“存在决定意识”吧，威廉斯堡及以后北美十三州的总督们，受人民的控制，远远多于他们对人民的压迫。而要维持他们体面和尊严的生活，那最好的办法，就是把英国的普通法搬来，公平正义地“依法办事”。因此，在威廉斯堡总督府小小的会议厅里，我们看到了一本1776年6月在此地制定通过的《弗吉尼亚州权利法案》。而这部殖民地的法案，后来，就成为美国宪法中的《权利法案》部分（美国宪法修正案）的蓝本。在此地，我们又看到了美利坚合众国未来发达史上另两个十分显著的遗传密码，那就是——“民主”和“法治”。

在小镇的一个公园里，我们还看到了一尊高大的印第安妇女铜像。据介绍，这位名叫波卡洪塔斯的酋长之女，善良而聪明，19岁时，她自愿与第一批移民的幸存者中一名叫约翰·罗尔夫的白人青年结婚，使早期白人与印第安人得以和平共处，亲如一家。1922年，美国政府为她设立了这尊铜像，也算是“饮水思源”、永远怀念美国白人与印第安民族那一段伟大的友谊吧。

在威廉斯堡的海湾畔，我们意外地看到了当年那三艘帆船的复制品，静静地停泊在码头上。那艘大一点的三桅船，叫“苏珊·康斯坦特”号，另两艘小型的双桅船和单桅船，分别叫“幸运”号和“发现”号。400多年前，正是这三艘小小的帆船，远涉三千公里重洋在此地靠岸，才使英国人和英国的法律离开了一个旧世界，而漂移到这个全新的新大陆和新世界，无意中，才造成了这世界上一场天翻地覆的巨变！抚今追昔，这三艘古老的帆船，可以说，是人类法律史上的又一座里程碑！

我们赶快站在这三艘帆船面前，拍了张照片留念。背景是，那烟波浩渺的大西洋，以及在海湾水面上荡漾的白云、蓝天……

伟大的妥协：独立宫中的祈祷

"只有那些以某种具体的妥协方式将刚性和灵活性完美地结合在一起的法律制度，才是真正伟大的法律制度。"

——当代美国法理学家博登海默：《法理学：法律哲学与法律方法》

离开了威廉斯堡小镇，我们沿着大西洋岸边曲折蜿蜒的公路，驱车往北前进了数百公里，来到美国东岸一座著名的大城市——费城。

如果说威廉斯堡的光荣是"美国历史从这里开始"的话，那么，费城的骄傲，则是"美国从这里诞生"。而对于我们的法律之旅来说，更重要的是：费城，是美国宪法——这部世界史上第一部成文宪法诞生的地方。

费城是全美国的第四大城市，人口有近500万，地理纬度与中国的北京差不多。据说，300多年前，英王查理二世因欠下威廉·本家族一笔巨款，无力偿还，便干脆将这一片土地赐给了本来抵债。本这位贵族富豪，却拥有一颗伟大的仁爱之心，他计划在此地建立一座城市，使那些从世界各地远渡大西洋而来的新移民

绘画：在独立宫内进行的制宪会议。

们，能在一个没有宗教歧视、种族歧视和阶级歧视的自由之地，平等地落脚谋生。他这样想了，也就真的这样做了，而且，他还为这座城市起了个“费拉德尔菲亚”的名字，意思为：“兄弟之爱”。

漫步在费城的街头，只见遍地现代化的高楼之中，相间散落着许多希腊式、瑞典式、荷兰式、英国乔治亚式的古老建筑。在市中心富兰克林大道的尽头，绿树丛中，有一座洁白的市政厅大楼，大楼顶上，那座高高矗立的威廉·本的青铜像，至今仍在费城的阳光下熠熠生辉。而在离市中心不远，我们突然看到了一座雕梁画栋、黄色琉璃瓦的中国牌坊，上面用红漆写着四个大字“费城华埠”，当时的心情，真有一种“他乡遇故知”似的惊喜。

如果说岁月如歌，那么建筑物就是一首诗。一首首无声的小诗交织在一起，编织出了一座城市往昔的光辉岁月。而费城最著名的建筑物，就是那座举世闻名的独立宫。它坐落在特拉华河畔一座大桥的桥头。这桥头有座长方形的公园，是一座开放式的公园——公园没有围墙，只有一排排绿树将它与马路分隔开来。公园的前面，是两片方块形的茂密树林。公园的中央是一个小小的广场、喷泉和一大片绿草地。草地后边，矗立着一座红褐色的二层楼，楼顶上，一座乳白色的三层钟塔直指蓝天，这就是大名鼎鼎的独立宫了。

每当我亲身去到一些伟大的历史遗址的现场，或亲眼看到一些历史上伟大行为的发生地时，心底里总是会涌现出一种比从书本里读到的更为感动的激情。想当年，进出这幢小楼和广场、草地上的人们，都是一些被世界历史铭记着的叱咤风云的人物——乔治·华盛顿、本杰明·富兰克林、托马斯·杰弗逊、约翰·亚当斯、亚历山大·汉密尔顿……这些出身于律师、商人、军官、传教士、农场主、机械师的普通人们，于1776年7月4日，云集在此地，郑重地在一份《独立宣言》上签上了自己的名字，并同时发誓：要将自己的生命、财产和荣誉，贡献给一个带有浓浓的唐·吉诃德味道的理想——“一切人生而平等”！面对着十倍于己的英国火枪和大炮，他们依然坚毅地挺身而战，那种为了自由平等，“虽万千人吾往矣”的豪迈气概，至今回想，似乎仍激荡在这幢小红楼的内外。

在独立宫旁边，有一幢名为“格拉夫”的小楼，这里就是托马

▍照片：费城独立宫内复原后的制宪会议现场。

斯·杰弗逊当年起草《独立宣言》的地方。想当年，杰弗逊在这儿二楼一个简陋的小房间，花了足足两个星期，才写成了那篇现代世界中最富革命性的文件："所有人生而平等！他们享有由上天赋予的种种生命、自由和追求幸福的权利！为了保障这些权利，人民成立了政府。而政府合法的权力，来自于人民的同意……"今日游客来参观这小房间时，还可以看到墙上挂着一幅杰弗逊像，那张粗木书桌上，还像当年一样摆着一支鹅毛笔、一瓶墨水和那本大气磅礴的《独立宣言》。

凝视着这个小房间，我忽然觉得，人类最闪光的语言，最伟大的思想，往往不是产生于那些富丽堂皇的学术宫殿里，也不是产生于那些浪漫优雅的书斋沙龙之中，而是在原野上、丛林里、陋室中，以及在这陋室窗户也锁不住的那片天空之上。

出了“格拉夫”小楼，在一片绿草地的中央有个凉棚，凉棚下，我们看见了那口大名鼎鼎的“自由钟”。铜钟的顶部，铸刻着一句《圣经》上的名言：“向全世界的人民们宣告自由！”1776年7月8日，当华盛顿在这片青草地上向万千费城市民激情宣读《独立宣言》的时候，这口大铜钟也同时敲响了庄严的钟声，向全世界宣布了美利坚合众国的诞生！当年那种万众欢呼、豪气干云的场面，想起来都令人动容。

穿过那些在“自由钟”前忙着拍照的游客人群，现在，我们怀着一种虔敬的心情，终于走进了独立宫里。独立宫二楼的会议厅，就是美国宪法诞生的地方。这里的摆设据说是完全保留了当年“制宪会议”时的原样。会场两个壁炉的中间就是主席台，台上那把高高的靠背椅，就是当年华盛顿坐过的那把“旭日椅”。主席台下，很随意地放置了13张大方桌，每张方桌旁边，都摆放了4张带扶手的圈椅，整个会场，看起来就像一个轻松散漫的咖啡厅。但当年，独立战争胜利后，北美十三州的55名代表们正是在这个“咖啡厅”里，为新生的美利坚合众国，打造了一个“法治”的摇篮。

遥想当年，在此地聚会的55位美国的开国元勋们，可以说，都是些人类历史上5000年来难得一见的、半人半神式的非凡人物。他们的卓越之处，在于他们虽不是什么历史学家、政治学博士，但他们却深刻地明了历史上一切君主专制独裁政体的弊端，而更令人惊讶的是，他们也同样深刻地预见到：日后法国大革命式的“多数人专制”的“民主”的危险。怎样为美国寻找出一条“民主而非君主，法治而非人治”的驾驭自己社会的最理性的道路？这就成了55名代表们心目中一个最共同、最坚定的神圣信念。

据说，当年的美国制宪会议有许多鲜为人知的内幕。为了完成这个神圣的使命，他们像杰弗逊一样，把自己关在这幢小红楼里3个多月，阅读了大量古往今来的历史、政治、法律和宗教方面的书籍，企图从中寻找出一种理性的力量，既能保持住人民个人的自由，又能建立起一个有效率的政府。他们设想过许多方案，提出过许多理想和梦想，也为了各自的阶级利益和地区利益而爆发过许许多多激烈的争吵。但最难能可贵的是：他们都有一个理智清醒的共识——绝不让自己的这些分歧，演变成美国十三州人民的分裂和街头的暴力抗争！因此，当时的独立宫内外，据说是岗哨林立，而且，小红楼二楼的门窗全部紧闭，绝不让半点争吵的声音外传。当代表们在“法律至上”“主权在民”“州权自治”等宪法基本原则问题上吵得不可开交的时候，据说那位聪明的富兰克林曾破天荒地提出了一个高超的创意——不如我们请牧师来，带领大家祈祷？这建议一提出，便立即被全体代表们一致接纳。

于是，1786年7月4日，在美国建国10周年纪念日那天，有3位牧师被秘密请进了小红楼。在牧师们的带领下，55位代表们平心静气地齐声祈祷：“全能的上帝啊，请赐给我们智慧，以让我们放弃‘唯我正确’的念头；请赐给我们力量，以便我们能作出让步和妥协；请赐给我们机会，以让我们能重新达成一致！”

试问，人类历史上，你几时见过有如此伟大而光辉的场面？

古往今来，无数或平庸、或残暴或雄才大略的帝王们和政治家们，都只会把一己的私志，强加于全体民众的头上。有时候，他们或许会成功一时，但到最后，他们无一人不是身败名裂、功不补患而遗臭万年。而像费城独立宫此时这样，豪杰如雨，猛士如云，却又能彼此尊重、互相妥协，以全体人民的幸福为依归，终于缔造出一部不偏不倚、大公无私的"根本大法"出来，把政府与公民这对立的双方和谐地团结在一起，那种杰出的理性和智慧，这样的光辉时刻，在人类的历史上，又真的能有几回？

一场伟大的妥协，产生了一部伟大的宪法和开辟了人类历史上一条全新的道路。美国宪法之所以称得上伟大，主要地，不是说它的立法技巧和法律条文有多么的高超，而在于当年的 55 位立法者们，都有着一颗公正的心灵和一个富有远见的头脑。他们最杰出的政治智慧是认识到：一个国家的繁荣和活力，最根本的原因，来自于每一位公民的权利与自由。而立法者的首要职责，就在于要尽力去增进和保障每一位公民的权利和自由。200 多年来，不管美国的社会生活发生了多么巨大的变化，这宪法都能以不变应万变，以"民权、法治、公平、正义"的伟大原则，去把持着美国社会前进的方向！所以，尽管当时以及后世，许多人都曾对这部宪法有过许多批评或不满，但最后，全体美国的富人和穷人，却大都以拥有这样的一部宪法为荣！

流连在独立公园的草地上，凝视着夕阳照耀下的这幢小红楼，我的神思，却不知不觉，飞回了很远很远的故乡——中国。

法的精神：自由神像的故事

“法律的目的不是要废除或限制自由，而是要保护和扩大人民的自由……哪里没有法律，哪里就没有自由。”

——17世纪英国法学家约翰·洛克：《政府论》

有一个不算奇怪的问题，但可能会有很多人答不出来，那就是：这世界上，一共有多少座自由神像？

答案——六座。一座在法国巴黎的巴士底狱广场，一座在巴黎塞纳河畔的格奈桥下，一座在美国国会大厦的楼顶，两座在纽约（自由岛一座，纽约赌场门前一座）。而最后一座，则是在我们中国，矗立在广州黄花岗七十二烈士的纪念碑上。

再问你一个问题：世界上最高的塑像是哪座？如果这问题是在60年前问的，那这答案就绝对是纽约自由岛上的自由神像。她身高46米，连基座高达100米，在当时世界上是首屈一指。不过，自第二次世界大战后，苏联建了一座“祖国母亲”像，刚好比她高1米，所以，今日世界，自由神像便只好屈居第二了。

我们的世界法律之旅，今日，便终于来到了纽约，来到了这座高耸入云的自由神像的脚下。

矗立在哈德逊河口一个小岛上的自由女神像，历来便是全世界人民都熟悉的美国化身和象征，此地一年 365 日，日日都是游客如云。我们在自由神像的广场上先兴致勃勃地转了一圈。往上仰望，女神高大的身躯巍然屹立，稳如泰山。她左脚踏地，右脚微抬，踏着一条断裂的锁链，象征着她终于挣脱了枷锁，赢得自由。她的左臂弯曲，手捧一部《独立宣言》，上面用金色大字刻着“7 月 4 日”的字样，而右手则高举一支冲天的火炬。这火炬，有人说它是一支象征着烧毁一切旧制度的“革命之火”，有人说它是一支象征着照亮人类自由之路的“自由之火”，总之，此时此地，不同的人们，都会有着不同的感受。从远处看去，女神的面容清瘦，端庄典雅，双唇紧闭，杏眼微睁，是典型的希腊美人的面貌。她头戴花冠，上面有七束放射的光芒，日夜照耀在哈德逊河上，迎接着大西洋上的第一缕朝阳。

转了一圈之后，我们来到塑像基座的底部大厅里。这里是神像登顶楼梯的入口处，也是一座美国的移民博物馆。想当年，这小岛是美国的东大门——纽约海关的一个检查站，所有海外来美的移民们，包括我们中国每一位旅美华侨的祖先们，都要先在这里接受盘查问话、检疫，才可以乘上轮渡进入对面的曼哈顿市区。我们沿着自由神像腹内的 170 多级楼梯盘旋而上，直登至头部。在自由神像花冠的位置，原来是一排 20 多个观景的窗户，为了防止意外，观景窗上全部都封上了细格的铁丝网，从窗孔里往外眺望，只见水天一色，绿树高楼，纽约市全景尽收眼底。

THE GREAT BARTHOLDI STATUE,
LIBERTY ENLIGHTENING THE WORLD.
THE GIFT OF FRANCE TO THE AMERICAN PEOPLE.
ERECTED ON BEDLOE'S ISLAND, NEW YORK HARBOR.
The statue is of copper-bronzed, 148 ft in height, and is to be mounted on a stone pedestal 150 ft high, making the extreme height 298 ft. The torch will display a powerful electric light, and the statue thus present by night as by day, an exceedingly grand and imposing appearance.

自由女神像。

站在自由神像的顶上看世界，这世界真的是显得很壮丽。

从神像顶部下来时，漫步在底座的小广场上，凝视着眼前的纽约港，有个故事不知你是否知道——这位自由女神其实也是一位新移民。原来关于这座自由神像，背后还有这样一个传奇的故事。

1875 年的一个夏夜，有一班巴黎的文化人，在塞纳河畔的一家小咖啡馆里聚会。不知是否就是那家位于西岱岛对面、我们曾进去饮过一杯咖啡的“伏尔泰咖啡馆”。总之，几杯咖啡喝过，几瓶白兰地灌过之后，他们的话题很自然就转到“政治”上来。那时候的法国人，有人说，与我们的北京人一样，“一家大小围着火炉吃白菜炖豆腐时，谈的，却是政治局的话题”。他们一面痛恨法国大革命的失败，痛骂着法国政治的腐败；一面却又赞叹着美国革命的成功，向往着美国的“民主、法治”和“自由、平等”。酒酣耳热之际，突然有人提议——在美国独立战争胜利 100 周年的时候，说服法国政府出钱，送一座自由神像给美国人，以纪念拉法耶特当年率领“志愿军”参加美国独立战争时所结下的那一段伟大友谊。这个提议当场赢得了满堂喝彩，在座的一名年轻的雕塑家巴陶蒂，当即兴奋地跳到桌子上，拍着胸口承担了设计的重任。

此后，经过这班人的热心游说，法国政府果真同意了这个计划。于是，巴陶蒂便马上自费前往美国去游历、考察，搜罗设计灵感。

当他乘船越过大西洋，驶入纽约湾时，一眼就看中了这个原先名为“贝德洛斯”的小岛——“就是它了”！看着这个美国东岸的大门，看着日日千千万万的海外移民怀着一腔对“自由平等”的热望涌来此地，一个“自由女神”的设计方案在他的心中酝酿出来。返回巴黎后，他立即与那位著名的古斯塔夫·埃菲尔——后来建造了埃菲尔铁塔的那位工程师合作，一个负责外表的铜板造型，一个负责内部的钢架结构，经过 9 年的艰苦劳动，终于大功告成。

1884 年 7 月 4 日，一艘法国轮船驶入了哈德逊河口，把一整船“自由神像”的钢铁、铜片零件卸到了贝德洛斯岛上。又经过两年紧张的基座建设、整体组装工程，这位“希腊大美人”，终于矗立在这个现今已改名为“自由岛”的地方。1886 年 10 月 28 日，落成典礼终于开始了。这一日，纽约港上空礼炮隆隆，汽笛长鸣，自由岛上，鼓号嘹亮。海面上，桅樯林立，陆地上，人山人海，100 多万支法国三色旗与美国星条旗挥舞得如火如荼。在响彻海天的“自由万岁”的欢呼声中，自由神像——这位美国的化身和象征，美法两国的友谊使者，终于高高地耸立在世人的面前。

据说，巴陶蒂在设计自由神像时，是以他女朋友的身材、他母亲的面容为造型依据的，这就使这座铜像，融入了他深深的爱意。此时的巴陶蒂，为建造这座女神像已经足足奋斗了 10 年，虽然法国政府承担了主要的费用，但此时的他，亦已经是家财耗尽、一贫如洗了。不过，人生有此成就，夫复何求？一座自由神像，便足以令他流芳百世了。

说实话，法国人在设计这一尊自由神像时，脑海里面，其实并无多少法学的理念。他们只是一腔热血地在这尊女神身上倾注了满怀的“革命”、“独立”、“战争”和“自由”的浪漫激情。但“自由”究竟是什么？“自由”不正是“法治”吗？英国伟大的法学家约翰·洛克说得好：“法律的目的不是要废除或限制人民的自由，而是要保护和扩大人民的自由。……哪里没有法律，哪里就没有自由！”而那位法国法学家孟德斯鸠也曾经说过：“自由是做法律许可的一切事情的权利。”一个国家，如果许可和保障公民参与社会生活的“权利”越多，那么，这个国家就越“自由”。美国立国200多年来，年年都有千千万万世界各国的普通平民乃至科学家、思想家等知识精英分子，不惜冒一切危险都要投奔这个国度，原因就在于，美国是一个“法治”的社会。在这个移民的社会里，不分种族、不分阶级、不论成分、不论出身，只要你肯努力奋斗，所有人，都有一种事业成功的平等权利，都有一种追求幸福、追求理想的自由。自由源于权利，有权利才有自由！那些万千海外移民的心目中，虽然不见得人人都明白这些法学的道理，但个个新移民都把这座自由神像视为“流亡者的母亲”，视她如这些弱势群体们的保护神。他们从她身旁开始踏上这块新大陆之时，眼眶里，都满含着幸福的热泪！

岁月沧桑，自1886年以来，这位“流亡者的母亲”已迎来了数以千万的各国移民。这些黄皮肤、黑皮肤、白皮肤的移民登上这片土地时，许多人是两手空空、身无分文的。但经过几十年、几代人的奋斗，他们中的许多人，都已经在这里取得了不同程度的成功。

我们在自由神像脚下熙熙攘攘的人群中，除了看到许多游客和兜售纪念品的小贩之外，还看到有许多一家大小的各色人群，或兴高采烈地，或默默无言地在此地举行着庆典，庆贺他们在这尊自由女神的守护之下，终于得到的新生。

临离开自由岛时，我突然在自由神像的花岗石座基上，发现了一块镶嵌在石上的铜版，铜版上，用英文铭刻着 100 多年前一位美国女诗人爱玛写的一首十四行诗——

“送给我，你那些，/ 疲乏的和贫困的，/ 挤在一起，渴望 / 自由呼吸的大众。/ 你那些熙熙攘攘的 / 岸上被遗弃的 / 可怜的人群。/ 把那些无家可归 / 的人们，/ 一齐送给我。/ 我站在金门口，/ 高举起 / 自由的火炬！”

此时，对那个在许多游客中争议不休的老问题，在我的心目中，已有了一个新的答案：自由女神手上的火炬，其实就是一支公民“权利”的火炬！是一支“法治”的火炬！

自由女神，其实是一个“法治社会”的化身。

新闻自由：目无法律的陪审团

“新闻自由就是人类自由的实现。……没有新闻自由，其他一切自由都会成为泡影。”

——马克思：《论普鲁士书报检查制度》

有人说，纽约就像一个美丽而又冷漠的女人，无论对谁，她都具有一种深深的吸引力。且不说她的灯红酒绿，缤纷时尚，无穷活力，文化气息，单单就秋天的早晨而言，远眺着中央公园那一大片连天碧树，渐渐地变成一地晕染似的红黄时，你会惊讶：为何每天醒来，纽约的窗外，总有一片会令你微笑的风景？

但从高处俯瞰华尔街，你的微笑就可能会变成了惊叹。只见狭窄的街道两旁，密密麻麻地拥挤着无数幢壁立千尺的摩天大楼，万千行人汽车就像小小的蚂蚁，在这条阴暗嘈杂的钢筋水泥大峡谷里缓缓地爬行，日日如此，永无休止。

说起来，今日的纽约不仅是现代世界最大的金融经济中心，而且也还是全球最大的新闻出版业中心。全美国 70%的出版商都集中在纽约曼哈顿这一个小岛上，什么美联社、《纽约时报》、《华尔街日报》、《时代周刊》、《新闻周刊》、《读者文摘》……都是世界上最具影响力和发行量最大的报纸杂志。而这一切说起来，追本溯源，又竟然全都与华尔街这一条小街密切相关。你很难想象得到，那条终年不见天日的街道，竟然会是一项充满阳光的伟大法律原则——“新闻自由”原则的发源地。

华尔街位于曼哈顿岛的最南部，西连百老汇，东至中国城，全长仅500多米，而街道最宽处才仅有11米，距离“9·11”事件世贸中心遗址仅两个街区。传说300多年前，荷兰人只花了约值24美元的一堆玻璃珠子便从印第安人手里买下了这个小岛，而今日曼哈顿的地价，则何止上千亿美元？因此，在印第安语里面，“曼哈顿”这个词，就是“我们受骗了”的意思。

据说，最先来的荷兰人曾在这里建了座总督府，也筑起了一道高高的围墙，后来英国人来了，拆墙修路，建起了这一条著名的“墙街”（Wall Street），用来作为摆卖蔬菜水果的农贸集市。但今日的华尔街，却演变成了全世界的金融中心，全美十大银行中，有6家的总行，就设在这条小街上。漫步在华尔街头，不仅当年的鸡鸭菜摊早已烟消云散，就连殖民地时代的建筑物亦都早已荡然无存。在我看来，这条小街风貌的巨大变迁，正无声地展现着美国历史的沧海桑田。

我们现在就正在这条举世闻名的华尔街上漫步，在熙熙攘攘的人群中穿行，去寻觅当年一个遥远的法律故事。

绘画：1789年4月30日，乔治·华盛顿在纽约的老市政厅宣誓就职，成为美国历史上第一任总统。

我们走过了华尔街 11 号的证券交易所。在这座帕特农神殿式的“财神庙”门前，还保留着一棵 18 世纪的梧桐树，据说，1792 年，有 24 个股民在这棵树下定期聚会进行股票交易，这棵梧桐树就成为这个大“金鱼缸”的发祥地。据说，这棵树已经是这条街上难得的古董了。再前行不远，我们又见到一座希腊式的古建筑，那就是著名的“联邦厅”了。1789 年 4 月 30 日，华盛顿就是在此地正式宣誓就任美国第一任总统。你猜猜当时，华盛顿走出市政厅二楼的阳台，向数万名纽约市民宣誓就职时，他的心情会是怎样？据说当时，他对他身边的朋友说：他的感觉，“同一个罪犯走

绘画：一幅关于曾格案审判现场的水彩画，安德鲁·汉密尔顿律师在法庭上做结案陈词。

向刑场没有什么两样”。由此可见，总统这份工真的不易混。

今日联邦厅的门前，还矗立着一尊华盛顿的高大铜像。每到中午，成千上万附近银行、公司的白领职员们都会纷纷跑来此地，他们手捧着大包小包的热狗、炸薯条和咖啡，在华盛顿脚下的台阶上坐下，边享受难得一见的正午阳光，边狂嚼快餐，这也算得上是华尔街的一大奇观了。

不过，我们今日要追寻的故事却比这座联邦厅更古老。这故事发生在华盛顿还未出生之前，那时候，此地还未有这座希腊式的联邦厅，当时矗立着的，只是一幢乔治亚式的红砖二层楼——纽约旧市政厅。这案件的名称非常简单：就叫作“曾格案”，但这案子的影响却非常深远，它成为后来全世界宪法里“新闻自由”原则的一个伟大的开端。

这宗案例发生在1735年。故事的主角是个出版商，名字叫约翰·彼得·曾格（J.P.Zenger）。英国政府控告他在《纽约周刊》发表的文章中，“批评和诽谤”了英国皇家总督柯斯比。如果这些指控能够成立，那么，在那个年代，曾格就将面临着被判处“煽动叛国罪”的极刑。

而案件的实情又是怎样的呢？原来，曾格只是一个普普通通的印刷商兼《纽约周刊》的发行人。当时，纽约的新总督柯斯比贪婪成性，不择手段地多方敛财，于是，在纽约的政界掀起了一股“反柯”的风潮。他们给《纽约周刊》投来许多篇讽刺柯斯比的评论、漫画，而曾格本着“言论自由”的原则，是“来稿照登”。于是，柯斯比勃然大怒，他下令全城大搜查，没收了这几期《纽约周刊》，并在市政厅前面的广场上当众焚烧，然后，他把曾格逮捕了，关在这旧市政厅的地牢里，再然后，就开庭审判。

审判开始时，形势对曾格非常不利：他老老实实地承认，这些报纸是他印刷并出版发行的。他也老老实实地承认，他连这些文章在说些什么也不清楚。但是，整份报纸上只有一个署名：曾格，其他任何作者的名字都无。于是，检察官便认定——曾格须负上全部“诽谤罪”的责任。

曾格的朋友们星夜给他从费城请来了一位大律师——安德鲁·汉密尔顿。汉密尔顿的第一个辩护方案是找证人出庭作证，证明这些文章内容的真实性。但那些写文章的人，平时个个都似“铁肩担道义，妙手著文章”的高手，但此时，却全部变成了缩头乌龟——无人肯出来作证！汉密尔顿被逼到了悬崖上。

但汉密尔顿绝非是一个等闲之辈，他能被称为当时美洲最有名气的律师，并不是浪得虚名。当此案面临着一个绝境的时候，他思前想后，想到了陪审团。他意识道：“曾格案”最后的机会，就在于鼓动陪审团造反，鼓动陪审团不按现行法律而是按自己的良知来判决，去对法官说“不”！对政府向不同政见者的残暴压迫说“不”！如果能做到这惊险的一跃，那么，这案子便最终能改写历史，并将被永载史册、永垂不朽！

于是，200 多年前，在这个纽约旧市政厅里面，诞生了美国司法史上一篇最伟大的演说。汉密尔顿在结案陈词时，用满腔激情，面对着 12 位陪审员慷慨激昂地说：“你们有权用自己的眼睛去看！用自己的耳朵去听！用自己的良知和理解，对自己同胞们的生命、自由或财产作出负责任的裁决！……摆在你们面前的，不仅仅是一个可怜的印刷商的案件，也不只是纽约的案件，它事关美洲大陆每一个自由人的生活，这是一个事关自由的案件！……我毫不怀疑，你们今天的行为，将奠定一个保护我们自身、我们后代和我们邻人的神圣基础。法律已经赋予我们一项权利——那就是自由！让我们自由地说出真实、写出真实，暴露和反对这块土地上的专制！”

这番闻所未闻、震聋发聩的伟大演说，深深地震撼了每一位陪审团成员的良心，也震撼了法庭上的每一个人。最后，他终于成功地引发出一场英美法律史上最富革命性的变革——陪审团的12名成员，居然会集体破天荒地第一次“目无法律”、置现行的法律规定于不顾，并置大法官的再三教导于不顾，对“曾格有罪或是无罪”的问题，全体一致地说出一个斩钉截铁的字：“NO!”

这个“NO”字一说出口，500年的法律风云顷刻为之变色。

500多年来，英美法系中陪审团的作用，一贯都只是局限在现行法律的规定下，在法官的摆布下，去对被告人有罪无罪的问题说一个简单的字——YES或者NO。由于那时的法律观点认为：只要是公开攻击某个人的荣誉就是“诽谤”，不管你说的是真的还是假的。因此，审判一开始时，大部分人都认为，曾格被作出“有罪”的判决是必定无疑的。但现在，陪审团，这个昔日法官手中的傀儡，在汉密尔顿演说的激励下，却突然间化作了“公众的良心”，他们毅然决然地大步跨越了僵化陈腐的旧法律规定，第一次，自定了一条新的法律原则——“新闻自由”，并第一次以法庭主人的身份，来行使那项本来仅属于法官的“自由裁量权”，勇敢地作出了一个公正的裁决——无罪。

据说，当时的法庭上，全部的法官、检察官都被惊呆了，而全场的群众却发出了一阵阵热烈的欢呼！本案戏剧性的审判结果，很快就传遍了北美十三州，并越过三千公里的大西洋迅速传到了英国。不管它传到哪里，引起的都是一片热烈的支持。

这宗小小的“曾格案”，在人类法律史上，奠定了两个伟大的法律原则——一个是“新闻自由”原则，另一个是“陪审团否决权”。这两个光辉的法律原则，后来，在美国和英国的宪法中都得到了确认。尤其是那条伟大的“新闻自由”原则，200 多年来，更远远超过了英美法系的疆界，而写入了全世界大多数国家的宪法中。

走进这座巍峨壮丽的联邦厅里，当年那场审讯的遗迹，今日是一点儿都找不到了。但伫立在大厅中，我耳边，仿佛还回响着汉密尔顿那激情澎湃的声音：“你们有权用自己的眼睛去看，用自己的耳朵去听……”

法学链接

“陪审团制度”，是英国人对世界文明的又一个贡献。早在 12 世纪的时代，英国习惯法就已基本形成了“由 12 名诚实正直的公民组成陪审团去衡量事实”等现代刑事司法活动的一系列基本原则。而美国法的贡献，则在使陪审团从法庭的“见证人”演变为具有司法权的“裁决人”，从而培育了千百万公民自觉参与“法治”的法律意识。假如在司法活动中，法院或法官一旦严重背离了民主之路，则陪审团可以运用最后的否决权，来纠正司法的不公。法国法学家托克维尔曾经说过：“陪审团将人民本身提升到法官的地位上……它对一个民族自然智力的增加有重大的贡献。”

谁掌管美国：轰动世界的“水门案件”

“执政官是会说话的法律，而法律乃是不会说话的执政官。”
——古罗马法学家西塞罗：《论法律》

在这一节里，我们的法律之旅将去拜访美国一座花园式的城市——华盛顿。

美国的首都华盛顿，位于费城以南100多公里波托马克河的东北岸，刚好正处在当年独立之初的北美十三州的中间。这座美丽的城市，是世界上少数几个在一块选定的土地上兴建的首都之一。全市以国会大厦为中心，有13条以各州州名命名的大道，以国会山为圆心向全城辐射出去。站在高处看华盛顿，很有点像在巴黎看凯旋门那样的感觉。

这里既没有纽约曼哈顿那些高耸入云的摩天大楼，也没有费城那种车水马龙、喧嚣拥挤的景象。全城的最高处，就是那座矗立在林荫大道尽头的华盛顿纪念碑。这座一柱擎天的大理石方尖碑高达169米，乘碑内的电梯登上碑顶，眺望全城，只见“一城绿树，满城鲜花”。我们来到时，正值阳春三月的樱花时节，放眼望去，杰弗逊纪念堂旁的潮汐湖畔与白宫南面的宪法大道上，3000多株高大的日本樱花树，团团簇簇、粉红绯白，盛开得如火如荼。国会大厦、白宫、最高法院这三座洁白的古典式殿堂矗立在满城的绿树花海中，呈三角形排列。街道宽阔，笔直而深远，整座城市显得十分庄严、雄伟、美丽而又幽静。

我们从碑顶走楼梯下来时，只见碑体的内壁上镶满了180多块碑文，这是当年方尖碑落成时，世界各国政府赠送给美国的礼物。忽然，在这些琳琅满目的石碑中，我们很惊讶地看到了一幅清政府赠送的中文石碑，上面铭刻着的，是道光年间福建巡抚徐继畬所著《瀛环志略》一书中评价华盛顿的一段文字：“按华盛顿异人也，起事勇于胜广，割据雄于曹刘。既已提三尺剑，开疆万里，乃不僭位号，不传子孙，而创为推举之法，几于‘天下为公’，骎骎乎三代之遗意，可不谓人杰矣哉！”以一百多年前清朝一位封疆大吏的身份，能对洋鬼子的大统领华盛顿作如此高度的赞扬，能有如此一腔对西方“民主法治”之赞叹，其头脑见识，令人赞叹。

从纪念碑上下来后，游客们大多是涌去林肯纪念堂等地赏樱花，或去白宫、国会大厦、五角大楼去参观这些美国权力的中心。很少有人会注意到国会山东侧还有一座美国联邦最高法院。如果问你一个“百万富翁”式的问题（注：“百万富翁”是香港一种电视观众的智力问答游戏，连过十关者可获得100万元奖金）——谁掌

“水门事件”的特别检察官阿奇博尔德·考克斯（Archibald Cox）。

管美国？答案选择是 A. 国会、B. 白宫、C. 最高法院的话，你会选哪个？如果你像大多数人一样，选了“B. 白宫”的话，那就不好意思，你这个答案是错的。而正确的答案应该是：“C. 最高法院”。

我们现在就来到了美国最高法院的门前。这座矗立着 32 根科林斯石柱、用洁白的大理石筑成的雄伟司法殿堂，令人想起了古罗马帝国昔日的光荣。法院正门的三角形门楣上，镌刻着一句光辉的名言：“法律面前，人人平等”（Equal Justice Under Law）。在高高的台阶旁，有一尊大理石雕刻的坐像，他就是美国历史上

美国《时代周刊》1974年7月22日出版的深度报道美国联邦最高法院审讯尼克松案件的封面。

最伟大的法官——约翰·马歇尔的雕像。正是他，在200年前一宗著名的“马伯里诉麦迪逊(国务卿)”的“官告官”案例中，巧妙地确立了一项“宪法至上、司法最终”的伟大原则，为最高法院赢得了一项“有权对国会或总统违反宪法的行为作出制裁”的权力，从而为美国社会走向“法治”奠定了一个坚实的基础。从那时候起，在美国，不管你是什么人，也不管你是什么事，哪怕你贵为一国之总统，但只要是涉及法律的问题，涉及公民权利被侵犯的问题，到最后都还是要听从宪法的裁决，都要由美国宪法的守护神、最高法院的“九头鸟”——9名终身大法官说了算!

而1974年那场轰动世界的“水门事件”，就正是这项“马歇尔原则”最伟大的胜利。

现时，在我们身后的这一座椭圆形建筑物，就是那家举世闻名的、位于华盛顿东郊的水门饭店了。想当年，导致尼克松总统被迫下台的那桩官司，其起因，就全都是这家饭店惹的祸。

这宗蜚声全球的“水门事件”发生在1972年。当年，6月17日夜，正当美国总统大选活动进行得热火朝天的时候，有5个大汉，偷偷闯入了设置在水门饭店三楼的民主党竞选总部，当他们动手安装偷听器时，被饭店的保安当场抓获。作案者是谁？全部都是共和党员。主谋是谁？是否是欲竞选连任的共和党总统尼克松？尽管这5个大汉紧咬牙关、保持沉默，但一瞬间，传媒上大肆张扬的新闻报道，已在全美国引起了满城的风雨。

我们现在又来到了位于宾夕法尼亚大街1600号的白宫门前，

这里是历届美国总统办公和居住的地方。在白宫南草坪旁边的玫瑰园里，今日，一地的红玫瑰开得正艳，但当年的白宫内，却是一片的秋风萧瑟。因为当时华盛顿地区联邦法院向尼克松发出了一张颇不客气的传票："为查明'水门事件'的真相，请您向法庭交出白宫会议厅的一套秘密谈话的录音带。"经过 3 个星期的紧张密谋之后，尼克松按谋士们的建议，交出了 13 份经过删节的文字副本，以为这样便可以把法院打发了。谁知，地区法院不依不饶，紧接着又发出另一张更不客气的传票，命令白宫将全部录音带的原件立即呈交法院。尼克松的律师向法院抗议道："为了国家的利益，总统享有绝对的保密特权！"但地区法院却是不理不睬。于是，这场总统官司便闹到了最高法院。

"美国诉尼克松案"，在当时是全美国空前轰动的一宗程序案件。它既不是民事案也不是刑事案，而是对某一案件中的某些法律程序是否合法的问题，由最高法院来解释宪法、给个说法的"释法"案件。现在，我们又回到最高法院的大门外。1974 年 7 月 8 日，当联邦最高法院为这宗著名的总统官司开庭的那天，法院门前台阶上，挤满了从全美各地赶来的围观者。据说，当时此地，欢呼声、口号声不绝于耳。当美国 9 名大法官鱼贯而入、落座大法官席上时，天地间，一时都全部肃静无声。

针对尼克松律师提出的"总统应有保密特权"的主张，首席大法官、"九头之头"的沃伦·伯格，在法庭上作出了一个石破天惊的说法："总统特权并非绝对！"他长篇大论地说："自由平等"的精神，是美国立国的根本。而“司法公正”的原则，也是美国宪法最重要的原则。而根据美国宪法的精神，保障“司法公正”的需要，是远远地高于总统“保密”的需要！当尼克松的律师圣克莱尔以“公众利益”为借口，拒交录音带时，“九头鸟”之一的大法官刘易斯·鲍威尔质问圣克莱尔：“在一宗涉及刑事责任的罪案中，要求保密，到底是出于哪些公众的利益？”一向能说会道的圣克莱尔，破天荒第一次在法庭上被问得哑口无言。于是，尼克松的上诉被裁定驳回。

当远在加州海滩上逍遥度假的尼克松得知这个消息时，不禁仰天长叹。他知道，他如果再顽抗下去，法院便真的会定他一个“妨碍司法公正罪”，那时候，连总统也得要坐牢房。想到这一点，尼克松又长长地叹了一口气。他在第二天便果断地发表了一篇声明：“我对这一结果深表失望。但我如同所有美国公民一样，完全尊重和接受法院的决定。”

尼克松被迫交出了 64 盘录音带。这些录音带确凿无疑地证实：“水门事件”确实与尼克松本人有关。1 个月后，尼克松总统宣布辞职，如果不辞职，等待着他的将是“弹劾总统”的命运。本来，他一直是一位美国最受欢迎、最成功的总统之一，但在美国，“法不容权”，“法比权大”，他触犯了法律，只有惨淡收场，提前结束了自己的政治生命。幸好，副总统福特在接位之后，追念他勇敢地结束了越战、成功地敲开了中美友好交流大门等历史功绩，马上宣布特赦了尼克松，不再追究他的任何刑事责任。

美国法学界和美国的民众们却几乎是“一面倒”地一片欢呼。美国法律院校的教科书上，还将此案例列为“法大于权”的一宗经典的案例而警戒后世。自此案之后，20 世纪 80 年代和 90 年代，在里根总统的“伊朗门事件”和克林顿总统的“拉链门事件”中，最高法院的“九头鸟”们又接二连三“砰砰砰”地敲响了白宫的大门，敲得总统们无不胆战心惊。因此，到底是“谁掌管美国”？此时此刻，对这个问题，我想，读者们已应该有了一个清楚的答案。

法学链接

美国司法实行的是“诉讼对抗制度”，双方律师要在法庭上斗上几十个、几百个回合，让利剑交锋时撞出的火花照亮事实的真相。为此目的，双方律师在审判前，有权要求对方向自己提供所知道的证据和材料；也有义务向对方提供自己将在法庭上提出来作辩护的一切证据和材料，无论是刑事案件还是民事案件，双方都有权利和义务这样做。如违反这些规则，便会犯下“妨碍司法公正罪”。而“水门事件”则充分显示了美国社会一贯的“宪法至上、司法最终”的制度特色。

“你有权保持沉默”：家喻户晓的“米兰达警告”

“司法过程的最高境界并不是发现法律，而是创造法律。”

——19世纪美国法官本·内森·卡多佐：《司法过程的性质》

在美国，你经常可以见到这样的一种场面——警笛突然响起，警灯狂闪，一辆警车呼啸而来。警察跳下车，飞身扑向一名疑犯。手铐喀嚓一声，疑犯被反扭着双手铐住。然后，警察气喘吁吁地开口了：“你有权保持沉默……”

对于听惯了“坦白从宽、抗拒从严”的国人来说，这种情况往往会令我们大惑不解——为什么会这样呢？为什么美国的警察要说这些明显不利于自己查案的话语呢？这不是明摆着教犯人“抗拒”吗？原来，谈到这“沉默权”，谈到这句美国人家喻户晓、耳熟能详的警察开场白，这里面，还有一段颇为有趣的故事，那就是：那宗颇有名气、颇为经典的案例——亚利桑那州的“米兰达上诉案”。

为了追寻这宗经典的法律故事，我们的世界法律之旅在美国

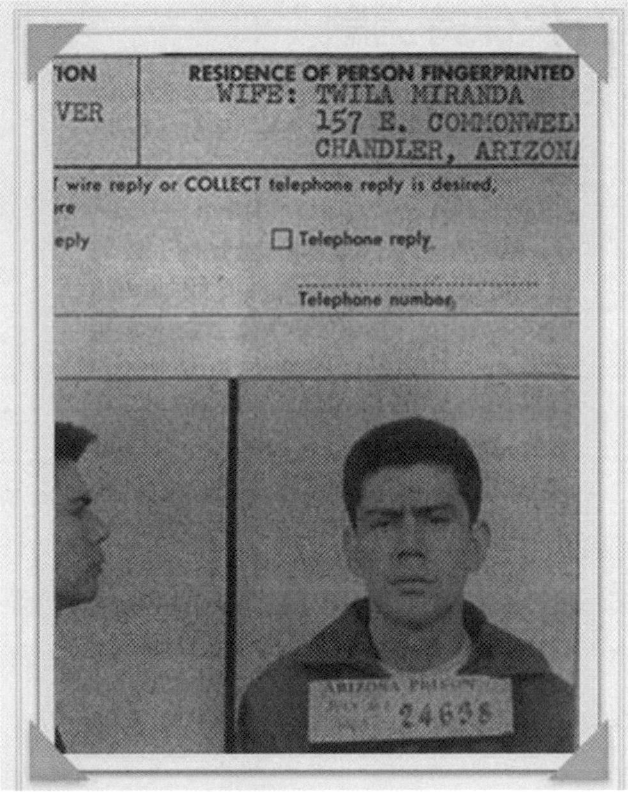

美国亚利桑那州凤凰城警察局登记的欧内斯托·米兰达档案。

作了一次长途的飞行——我们从位于美国东海岸大西洋畔的华盛顿，乘飞机直飞美国的西海岸、太平洋海滨的洛杉矶。整个旅程横贯美国全境、跨越两大洋。当飞机飞过著名的落基山脉、飞越科罗拉多州境内那些挺拔峻峭的山峰而进入亚利桑那州境内时，脚底下，蓦然出现了那条像巨龙般盘旋300多公里长的“科罗拉多大峡谷”！日落时分，这条著名的大峡谷显得十分迷人，各种颜色、各种不同地质年代的岩石层层叠叠，在夕阳下变幻出万千种色彩，从飞机上看下去，千里深谷恰似一条千里的彩带，在一片荒凉的大漠上飘舞。飞过大峡谷之后，万家灯火的洛杉矶就出现在眼前了。

在洛杉矶住了一夜，次日清早，我们驱车返东，直奔亚利桑那州的首府菲尼克斯镇而去。1965 年，在这个风光明媚的小镇上，曾发生过一宗罪恶的绑架强奸案。

据案卷记录，被害人是一名 18 岁的青春玉女，犯罪嫌疑人是一个五大三粗、无业游荡的野汉子。一个月白风清的夜晚，野汉子看见一位青春可人的小姑娘，独自一人走在这静谧的街灯下，于是贼心陡起，悄悄开车跟上去，一下子就把女孩挟持上了车。然后，飞驰到城外的树丛中，再后来，就把女孩子给强暴了。

事后，被推出车外的女孩子痛哭着跑回家，一个电话打到警察局。警察马上出动，很快就将这野汉子拿获归案。而这野汉子也就马上乖乖地全部招供了，并亲笔写下了认罪的供状。

案子很快便送到法院。

案情本来就不复杂，疑犯对事实又供认得清楚明了，于是，法官很快就作出了裁决：野汉子犯下了绑架和强奸两项大罪。两罪相加，判处刑期 50 年。

监狱的大门跟着就打开了。

这个犯人的名字叫作欧内斯特·米兰达。

当监狱的铁门在他身后哐啷一声关上的时候，米兰达这个可

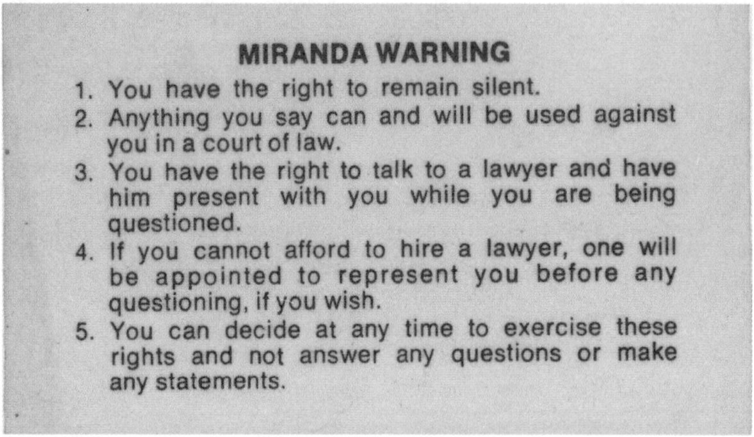

MIRANDA WARNING

1. You have the right to remain silent.
2. Anything you say can and will be used against you in a court of law.
3. You have the right to talk to a lawyer and have him present with you while you are being questioned.
4. If you cannot afford to hire a lawyer, one will be appointed to represent you before any questioning, if you wish.
5. You can decide at any time to exercise these rights and not answer any questions or make any statements.

警察随身携带的写有米兰达警告的卡片。

恨又可悲的家伙，想来只能像臭虫一样在这里默默地度过一生了。可谁都没有想到，在狱中蹲了几天后，突然有个律师来探访他。交谈之下，米兰达方知道自己做了傻事。

律师告诉他说：根据美国宪法第五修正案的规定，他拥有一项叫作“反对自我归罪”的权利。也就是说，即使他真是一个货真价实、十恶不赦的罪犯，但面对警察的盘问时，他也可以一声不吭，保持沉默。不需要回答任何问题，更不必自己去写供词证明自己有罪，因为这是一项宪法规定的“公民权利”。如果有足够的证据，能证明警察确实有强迫你，确实侵犯了你的“公民权利”的话，那么，我们就可以……

“告那家伙！”米兰达狂叫一声蹦了起来。

于是，在律师的一手策划下，米兰达开始了漫长的上诉。经过百般的曲折，最后，官司居然一直打到了联邦最高法院。

当时，由联邦最高法院大法官厄尔·沃伦主持，9 名大法官一起，认真研究了米兰达的诉状。

上诉理由称：第一，是警察“强迫、威迫”他写下供词，违反了宪法第五修正案的规定。第二，在他接受审讯时，由于读的书少，并不知道自己有“沉默权”这样一条宪法权利，也从无任何人告诉过他可以享有这样的一项权利，所以，他便被“欺骗成招”，而现在，哼哼……最好是把案子翻过来。

法院于是展开调查。发现不幸的是，米兰达所谓的“警察逼供、诱供”的问题还真的存在。首先，审讯室与外界隔绝，米兰达眼前是一字排开的五六名警察，警察们一会儿摇摇手铐，一会儿挥挥手枪，令米兰达心惊肉跳，精神崩溃。而在整个审讯期间，也无律师在场，这种环境显然是一种威迫。

其次，从讯问记录上看得出，警察根本就没问你干了什么，而只是一味追问你怎样干？摆明了就是先入为主的“有罪推定”，然后再迫其认罪。

事实昭然若揭。亚利桑那州的警察们虽然没有动手打人、没有刑讯逼供，但却违反了宪法有关规定去逼人“自证其罪”，“以违法去治违法”。

根据美国宪法第五修正案：警察法官不得强迫任何人作出对自己不利的证词。如果违反了呢？那么，这份用强迫方法获得的供词就得宣告无效。无效的供词，就不能作为定罪的依据。而没有定罪的依据呢，那米兰达就……

经过激烈的争论，9名大法官最后以5∶4的微弱多数，通过了沃伦大法官起草的判决——“米兰达上诉得直，无罪释放”。

这下子，美国的群情沸腾了，舆论一片哗然。美国的警察们更是目瞪口呆，义愤填膺。质疑的、抗议的电话，不停地打到联邦最高法院。

而联邦最高法院也觉得意犹未尽，还有话说。

美国与英国一样是判例法国家，司法有权立法。联邦最高法院的这一判例，等于是建立了两项必不可少的刑事诉讼规则。沃伦大法官通过传媒公开告诫全美国警察说：“第一个规则是：警察在审讯中，用强迫的方式获得的被告人口供、证词，不得用作该案定案的依据。第二个规则是：大凡拘捕或审讯犯人时，美国警察事先必须要告诉被捕者以下这番话语——‘你有权保持沉默。否则，你说的话将会用作不利于你的呈堂证据。你有权会见律师，如果你请不起律师，那么，政府可以为你免费提供。’以避免米兰达式的‘读的书少，不知权利’的狡辩重演。”

对于“沉默权”使米兰达逃脱了正义的惩罚，今后必会有更多的奸徒借沉默权来逍遥法外，沉默权是不公正的等抨击，沃伦大法官回应道：不是沉默权使米兰达得脱法网，而是亚利桑那州的警察破坏了司法程序，才导致了放走米兰达的恶果。判处米兰达50年刑期，是不公正的程序产生了公正的实体；而释放米兰达，虽是实体的不公，但却维护了程序的公正。实体不公，只是个案正义的泯灭；而程序不公，则是全部司法制度正义性的普遍丧失。换句话说，明知实体不公，也要维护程序公正，这就是最高法院坚定不移的立场。

最高法院的规则一下，自然就产生了最高的法律效力。自此以后，美国警察的衣袋里都装有一张小卡片，上面清楚明白地印上这番话语。这张小卡片的内容，就被称为“米兰达警告”（Miranda Warnings），或“米兰达忠告”。

“米兰达警告”公布以后，许多人批评：沉默权规则大大降低了执法机关的办案效率。但更多的人赞同：沉默权规则对于保障公民权利不受侵害、消除警察由来已久的刑讯逼供野蛮行为是利大于弊，有积极的、重大的现实意义。

争论归争论，出乎意料的是，打这以后，“米兰达警告”竟然在美国人当中风靡一时，家喻户晓。美国人一旦被拘捕或被指控，第一句话就是气壮如牛的“我要见律师！”而所有警察在拘捕或审讯犯人时，第一句话就总是客客气气的“你有权保持沉默”。

说真的，美国司法，不论世人对它有多少批评都好，但它有一个优点却是举世公认的，那就是——十分注重司法的程序问题。在美国人的眼中，司法公正，首先就要程序公正。司法人员在执法时要十分严格地遵守程序，而不能任意地破坏司法程序。因为在美国，以正义化身自居的法官们，宁愿牺牲个案的实体公正，宁愿让真正的凶手逍遥法外，也不愿和不能由此而开了一道任由司法机关以违法方式去侵犯公民权利的口子。因为法官们懂得，只要证据合法确凿，法律仍然有机会把米兰达、辛普森之流送入监狱。而一旦纵容司法机关去滥用权力、非法行事呢，那么，这就无异于容许有人在防洪大堤之上去挖一锄头。此风一开，执法犯法的事情便将无日无止，而民主法治大堤的全线崩溃，也就为时不远了。

沃伦大法官用一种最通俗易懂的方式——沉默权的方式，给全体美国人民上了一堂深刻的普法课。而对于2亿美国老百姓来说，他们中的大多数，可能未必会明白这里面有这么多高深的法学道理，但他们却清楚明白地知道了一句话，那就是——“我有权保持沉默”！这就足够了。

法学链接

美国法学界对“沉默权”的内涵有如下四条司法解释——

一、被告人有权在讯问中始终保持沉默。

二、不得因被告人保持沉默而作出对其不利的裁判。

三、检控方采取任何非人道或有损被告人健康、人格尊严的方法强迫被告人作出供述是一种犯罪，要受到法律的追究。

四、法院不能把被告人迫于外部强制或压力所作出的供述，作为定罪的依据。

今日世界，“沉默权”规则的这些内涵定义，已逐渐发展成为现代国际刑事司法的一些最基本的准则。

民权至上：倒霉的洛杉矶警察

"培养国民权利感觉的涵养，是对国民进行政治教育中最高、最重要的课题之一。"

——19世纪德国法学家鲁道夫·耶林：《为权利而斗争》

这一节，我们的法律之旅，又从荒凉的亚利桑那州返回了洛杉矶。在这里，有许多同样精彩的法律故事，也曾经同样地轰动过全球。

洛杉矶是美国西岸最大的一座城市，无论是城市面积或人口，都仅次于纽约而居美国第二。相传在200多年前，有一个西班牙传教士来到了此地，无意中，发现了这一片依山傍海的美丽地方。据说，他当时激动得不停地喃喃自语，并仰天祈祷道："感谢上帝及崇敬的天使、女王、圣母玛丽亚，赐给我们这一块美丽的村庄。"后来，他就用这一长串共计57个字母的西班牙文来命名此地，但人们却嫌这个名称太过麻烦了，他们在称呼此地时，只使用其10个字母的缩写："洛杉矶"（Los Angeles），意思就是"天使"，所以今日，此城便有了一个美丽的别名——"天使之城"。

人们初到洛杉矶时，第一个印象就是：这里的汽车多得简直可称为“世界之最”。此地三面环山、一面临海，在这片南北宽80公里、东西长104公里的滨海地带上，有无数座小山丘，把一个城市分隔为70多个小镇和街区。此地的居民上班、上学或上街购物，动不动就要跑几十公里路，假如没有汽车的话，那你在这个城市简直是寸步难行。据统计，洛杉矶平均每家就拥有汽车2.23辆，每1.5人便会有一辆车。600万人的城市里，日日在马路上面滚动的汽车竟有400多万辆。站在洛杉矶街头，环目四顾，高速公路、高架立交桥处处皆是，满眼都是汽车轮子在飞转。而一旦塞起车来，那种浩浩荡荡、无边无际的壮观场面，令我们这些从北京、广州等大城市来的人也要为之咋舌。因此，洛杉矶便又有了一个别名——“汽车轮子上的城市”。

而第二个印象便是“明星多”。此地一年365天里面，竟然有300多天是艳阳天，碧海、蓝天、棕榈树、加州阳光，吸引了无数游客的同时，更吸引了全美国的电影公司纷纷来此地拍摄电影。在市中心西北13公里处的贝弗利山上，有座举世闻名的“好莱坞”电影城。这里，一幢幢豪华别墅依山而建，云集了美国及世界数以万计的电影明星和顶级富豪，日日夜夜、灯红酒绿。每逢奥斯卡颁奖典礼或什么大电影的首映式时，此地更是美女如云、星光熠熠。漫步在贝弗利山上的好莱坞大道上，连空气中都弥漫着衣香鬓影。这条大道有一段人行道叫“星光大道”（Walk of Fame），青绿色水磨石铺设的地砖上，中间那一行，镶嵌了2000多个粉红色的五角星，每一颗星，都刻有一位演艺界明星的名字：玛丽莲·梦露、马龙·白兰度、查理·卓别林……突然,我们看到了一个令中国人怦然心动的名字:“Bruce Lee”! 这不就是那位“龙的传人”——李小龙的大名吗? 我们立即停住脚步,并蹲下身去,用手轻抚着这颗星,心里面充满了一种难以言喻的自豪感。

但好莱坞毕竟只是一个“梦工场”,而洛杉矶则是一个实实在在的贫富悬殊的“火药桶”。在加州这同一片蓝天下分布着的,还有一个个墨西哥人、黑人、中国人、日本人、菲律宾人、韩国人等有色人种聚居的贫民窑。贫富悬殊,再加上美国社会那种由来已久的对有色人种的歧视,这就使这座美丽的城市,又有了另一个别名,那就是——一个随时潜伏着“种族骚乱”的“危机之城”。

就在富丽豪华的贝弗利山下的一处路边,我们就看到了这样一番景象:一幢幢被大火烧得焦黑的房舍,几十辆被火烧成一堆废铁的汽车残骸,这是最近一次种族暴乱之后留下的悲惨现场。现场中,我至今仍清楚地记得的是,有一幅标语牌,当时深深地震撼着我们的心——标语牌上,画着一个跪地哭泣的黑人,上面写着一句口号:“Stop the Violence!”(制止暴力),下面,则写着那句著名的美国圣经——《独立宣言》上的名句:“All men ware created equal! ”(所有人生而平等)。

看着这幅标语牌,看着那几位在附近巡逻的警察,十多年前,在此地发生过的一宗经典的法律故事便不禁浮上了心头。那宗有名的、曾引发了美国最大规模的一次种族暴乱的案件,就叫作“洛杉矶警官案”,而案件的结局,是 4 名本应是正义的执法者的警察，却因滥用暴力、执法犯法而被送上了法庭。

这宗经典的法律故事的开头是这样的——1991 年 3 月 3 日，凌晨 1 时，洛杉矶警察在马路上，发现了一辆以时速高达 180 公里的速度在“午夜狂奔”的汽车。警察试图令其停车时，车手反而更疯狂地加速逃脱。警察们勃然大怒，他们出动了 10 多辆警车，一路围追堵截，疯狂追逐了 10 公里，才终于将驾车者罗德尼·金截下。

我们现在就来到了洛杉矶郊外的一条高速公路上，据说，这里就是当年故事发生的现场。当时，在 20 多名警察的团团包围之中，罗德尼·金，这个犯罪累累，刚从狱中假释出来的黑人违章者，一推开车门就疯狂地逃跑。为了制服这个年轻力壮而又服食了过量兴奋剂的黑大汉，警察被迫使用了电击枪。一般人被电击枪击中后，大都会立即瘫倒在地，但据说金当时却马上重新站起，向警察挥拳还击。愤怒的警察们于是一拥而上，10 多条警棍一齐向金猛烈招呼。

这一场行动的后果是可想而知的：金的头盖骨 11 处被打裂，面颊骨被打塌，10 多颗牙齿被打飞，脚踝骨折，肩背胸腹多处内伤，血流如注，被殴打得不似人形。

警灯闪闪，警棍飞舞，成群警察在殴打一个违章驾驶的黑人……这场面吸引了一个手头恰巧有部夜视摄像机的路人。他将镜头对准金，录下了一段长达 2 分钟的“警察暴力”场面，然后，这家伙将录像带卖给洛杉矶电视台，发了一笔小财。

“洛杉矶暴乱”组照。

录像带在电视上一播出，在洛杉矶和全美掀起了一股轩然大波。“这是严重的种族歧视！”洛杉矶的黑人们群情激愤，纷纷涌上街头，砸烂商店，焚烧美国国旗，还放火烧屋烧汽车，殴打白人和黄种人，骚乱迅速在各大城市蔓延。

迫于压力，联邦检察官终于在事隔2年之后，对其中4名当事警员提出起诉。洛杉矶联邦地区法院根据“滥用暴力”的事实，认为2名警员“侵犯公民权利”的罪名成立，判处36个月监禁，另2名警员则无罪释放。洛杉矶民事法庭还判决“洛杉矶政府纵容警官侵犯公民权利”，结果是市政府赔给了这个黑人罪犯380万美元。

说到这里，我们可能会很不理解：为什么，一个犯罪分子被警察例行“修理”之后，执行公务的警察反倒会成为罪犯而锒铛入狱？市政府还要向这个犯罪分子赔付巨款？原来，这其中的原因，就在于美国社会有一种根深蒂固的“公民权利”意识。罪犯有罪，应该由法律来制裁，却由不得警察来随便“修理”。美国人普遍认为：如果一个罪犯的权利可以被执法者随意剥夺、肆意蹂躏的话，那么，又有谁能保证其他公民不会有这样可怕的一天？所以，当全美国公众都支持罗德尼·金这个犯罪分子起诉那4个倒霉的警察、向市政府索赔的时候，看来他们并不是像我们许多人所想象的那样，是“是非不分”“以反政府为乐”，他们其实是在郑重地要求司法制度：打击犯罪是必要的，但在打击犯罪的同时，却一定要把对公民权利的尊重摆在至高无上的位置！

据说，洛杉矶警局在这一事件后实行了大整改大换血：警察局长引咎辞职，一批作风恶劣的警员下岗，整个警局的执法风格，开始向与人为善的服务型转化。而且，打那次事件以后，美国警察职业最权威的团体——国际警察局长协会还制定了如下的美国警察职业道德准则——

"我在上帝面前起誓：作为执法官员，我的基本职责是服务社区，保卫生命与财产，保护无辜者不受欺诈，弱者不受压迫与恫吓……我要尊重宪法赋予人民的自由、平等与正义的各项权利，我绝不滥用职权，绝不让个人感情、偏见、政治信仰、欲望、仇恨或友谊来支配我的决定。我绝不过度使用武力，我以警徽作为公众信任的凭据。我在职一日，绝不辜负公众的信任……"

看来，这一篇誓词，也很值得让全世界的警察局长们参考参考。

疑罪从无：震惊全球的辛普森“世纪之审”

“如果法律不忠于正义，只以实利为目的，那么，法的公正严肃就不复存在，实利也将不能得到。”

——19世纪普鲁士法学家祁克：《德意志私法论》

在西方，从18世纪起，便普遍确立了一种叫“无罪推定”“疑罪从无”的司法观念和司法规则。警方若怀疑一个人犯了罪，就必须向法庭提交出有关这个人犯了罪的证据，去证明他“罪在哪里”“罪是什么”，若提不出证据，或虽有证据，但不“确凿”，还有一些“不能排除合理怀疑”的疑点，证据还未能达到“无可置疑”的地步的话，那么，不管怎样都好，最后，法庭便要说一声：“对不起”，然后将你无罪释放。

这就是“疑罪从无”。

这种司法规则与“沉默权”规则一样，在世界法学界中亦一贯是争议极大的。许多人批评它纵容了犯罪，但又有许多人赞扬它是一种司法的文明。尤其是在洛杉矶发生的那一宗举世闻名的

"辛普森杀妻案"之后，对于这条"疑罪从无"规则的争论，更是在美国和全球都掀起了一场迄今不息的轩然大波。

我们的法律之旅，现在就又来到了洛杉矶好莱坞的贝弗利山上。1994 年 6 月 13 日，一对在大街上遛狗的老年夫妇，就在此地——布伦特树林区一幢豪宅前，被一幅惨像吓呆了：一男一女两具尸体，倒卧在门前的血泊中，在昏黄的街灯映照下，这场面显得十分恐怖。几分钟后，警察赶到，确认死者为妮可——大明星辛普森已离婚的前妻，和一个业余演员古德曼，死因都是被锋利刀刃刺杀。血案现场，除了一串大码鞋的血印之外，还留下一顶辛普森的帽子，一只左手的手套。

自杀、他杀？情杀、劫杀？茫无头绪的警员们在半夜三更按响了辛普森的门铃。但这间同样是位于布伦特树林区的豪宅内，却无人回应。警员翻墙而入，发现了点点血迹，直通向车库，车库里，一辆野马牌越野车内也有血迹，附近还有一只沾满鲜血的右手手套，辛普森，顿时成了凶案的嫌疑人。

一小时后，辛普森一进家门就被警察围住。在他左手的手指上，还有一处瞩目的刀伤伤痕！辛普森对警察的盘问先是支支吾吾，继而是"我有权保持沉默"。血迹的化验报告又未出来，证据不足，虽有怀疑，但警察暂时还不能逮捕辛普森。

3 天后，辛普森却突然失踪了。辛普森畏罪潜逃？他要自杀？他想干什么？……有关这位大明星的电视新闻，一时间骚动了全美国。

原来，这位辛普森曾是一位在美国风靡一时的橄榄球明星。在他 20 年的橄榄球生涯中，创造过不少辉煌的进球纪录，退役后，他又摇身一变成了影视界的大明星。这就难怪，关于他的案子会在美国引起如此的轰动。

当日傍晚时分，辛普森的野马越野车却突然在加州一条高速公路上被发现。已经取得逮捕证的警察们，马上展开了大追捕。一时间，全美国所有电视台都在播放着同一个画面：一辆白色的野马车在高速公路上缓缓爬动，天上地下几十辆警车、几十架直升机像护卫一样慢慢地跟着，来往车辆全部停下让路。由于辛普森举着子弹上了膛的手枪嚷着要自杀，所以警察一时也束手无策，唯有跟着他的野马车，毫无目的地四处游荡。

当晚，追捕辛普森的电视实况转播，据说创下了美国电视有史以来最高的收视率！此后，长达一年半的法庭审理过程，更成了全美国最受人欢迎的“法制题材长篇电视连续剧”。各大电视台纷纷聘请了法学专家，随着此案的进程日日加以评论。有人开玩笑地说过：在这一审判过程中，全美国家家户户都在上同一门的大学法律课程——刑事诉讼法！而在控辩双方的律师、法官及法学评论家们精彩生动的“以案说法”的“普法教育”下，到辛普森案结束时，全美国几乎有 1/5 的人口，即大约 5000 万人，变成了刑事诉讼法方面的专家。

在长达一年半的审理过程中，检控方共用了 5 个多月的时间，在法庭上询问了 58 位证人。展示了 488 件实物和图片。而辩护方也用了 3 个月的时间，询问了 27 位证人。之后，双方便进入了拉锯似的辩论和反驳，光是法庭记录的文件便长达 5 万页！最后，1995 年 9 月 26 日，女检察官玛莎·克拉克花了 6 个多小时来作结论陈述；而辛普森的律师团——他花费一千多万美元请来的全美国最好的刑事诉讼律师们，则用了整整 2 天的时间来作结论陈述。

本案最奇妙的一点是，辛普森的律师们从来都没有对公众说过半句辛普森“无罪”。辛普森是杀人凶手！这一点全美国人都是心照不宣。如果愚蠢地从这点上为辛普森辩护，那就无异于公开侮辱全美国人的智慧。所以，律师团的策略是——集中火力，猛攻证据的疑点。

策略之一，反复打种族牌。辩方律师不停地攻击主办警官（白人）福尔曼以往有许多谩骂、殴打黑人的种族歧视劣行，引导陪审团对福尔曼留下了一个“出于对黑人明星的嫉妒而栽赃”的坏印象。策略之二，抓住警局刑侦技术人员的马虎，强调血迹是如何被污染而使化验结果不可靠。一句话，仅这两点已足够令黑人占大多数（12 人中只有一个白人）的陪审团相信：检方的证据没有达到“无可置疑”的标准！

案件审到这个份上，其结局，大家也就可想而知了。

现在，在我们身后的这一幢大楼，就是洛杉矶的联邦地区法院。说起来也真好笑，1995 年 10 月 3 日上午 10 时，全美国民众上至总统克林顿，下至小学生、流浪汉，居然会全都聚集在家里、办公室里或商店酒吧里的电视机前，焦急地等待着法院里这场

“世纪审判”的大结局。当日裔法官伊藤神情肃穆地就座时，全美国是一片寂静。所有人都屏住呼吸，聆听着书记员罗伯森女士宣读最后的判决：“本陪审团裁决：奥伦多·詹姆士·辛普森，无罪。”这时，死一般寂静的美国如同突然爆炸了一颗原子弹——所有的黑人都在同一瞬间爆发出一阵巨大的欢呼，而所有的白人，则在同一瞬间发出了一声巨大的哀鸣。

这场惊天动地的“世纪之审”虽然已经过去了几十年，但在全世界人们的心里，对之仍然记忆犹新。老实说，辛普森虽然逃过了法网，但这场“世纪审判”却没有赢家。可以说，所有人都是失败者。

难道维护“司法正义”（疑罪从无）和“程序正义”就一定要以牺牲“社会正义”（放走真凶）和“实体正义”为代价吗？社会正义牺牲了，司法正义又是否能单独存在？如何在“程序正义”和“实体正义”这两种正义之间寻找到一个正确的平衡点？美国的法官们，又一次面对着一杯苏格拉底式的苦酒，而美国的司法制度，又一次遭受到猛烈的责难和抨击。

一方面，美国是一个表面上最自由平等、最讲人权正义公理的国家；另一方面，美国实际上又存在一种最严重的白种人对有色人种的歧视。在一个黑人白人情绪严重对立的社会中，究竟还有没有一种能超越一切种族肤色、超越一切阶级利益、政治制度、不同政见之上的一种“纯社会正义”？这个问题，看来，只有上帝才能回答。

上、中图是辛普森当庭展示他能否戴得下案发现场的手套。下图为辛普森案件的主审法官伊藤。

所以，撇开这一切复杂而又混乱的恩怨不谈，全美国人，全世界人，从本案中唯一可得到的有正面意义的教训就是：要想将罪犯切切实实地绳之于法，那么，检控方的呈堂证供，就必须要做到“确凿无疑”！

消费者权利：
万宝路280亿美元的赔款

“正义，作为法的目的，是个人活动与拥挤的世界里所有人的活动之间最理想的妥协。”

——20世纪美国哈佛法学院院长罗斯柯·邦德：《公正执法》

如果你问我：280亿美元是一个什么样的概念？我的回答是：这很难形容。作为一个浪迹天涯的穷记者、穷作家，我只能说，这是一个我连做梦都不敢去想的天文数字。

据1992年美国《财富》杂志的统计：当今世界的头号富婆——英女王伊丽莎白二世，全部身家财产总值才约为107亿美元。如果谁拥有280亿美元的话，那么，他的权势地位，便将会超过英女王的一倍以上。

但2002年，美国一个女烟民竟然向一家烟草公司提出了280亿美元的索赔！这消息一传出，便马上轰动了全世界。

这宗轰动一时的官司就发生在加利福尼亚州。现在，我们就从洛杉矶往北行，来到了加州的首府——圣弗兰西斯科，去追寻一下这宗有趣的法律故事。

一百多年前，大量中国广东的劳工曾被贩卖来此地开掘金矿，这些流落异乡、又不懂英文的劳工们记不清“圣弗兰西斯科”这么长的一串名字，索性就用谐音简称它为“三藩市”，或干脆就叫作“旧金山”。

今日的旧金山，聚居着20多万华人，此地的唐人街，向来被称为欧美第一大唐人街。漫步在唐人街狭窄的街道上，一座座似曾相识的骑楼、店铺，一幅幅琳琅满目的中文招牌不断地映入眼帘，满耳乡音，满目乡情，使我们仿佛回到了广州、中山、香港和澳门的街道上。在都板街的路口，我们还见到了一座富丽堂皇的中式牌楼，上面用金漆大字书写着“天下为公”4个中文大字，前边的广场上，更高高矗立着一尊孙中山的不锈钢雕像。而不远处，还有一座香火鼎盛的“广州庙”(Kong Chou Temple)，庙门内外，香客如云。此情此景，令我们不禁想起了广州的中山纪念堂、光孝寺、六榕寺，而几乎忘记了此刻自己正置身于遥远的太平洋彼岸。

好了，我们来旧金山的目的，并不是单纯地来旅游观光或怀旧，而是要去此地的加州高等法院，去追寻那宗轰动一时的“消费者告万宝路”的法律故事。这宗“女烟民索赔280亿美元”的故事，在2002年的时候，曾惊动了全球。

早在游览威廉斯堡的时候，我们就已经见识过美国南部那一望无际的烟草田。可以说，历史上，“烟草”与“美国”就一直是息

2009年，加利福尼亚州最高法院对一个案件作出终审裁决，画面中的液晶显示屏公开了法官的判决宣读。

2009年5月20日，佛罗里达州最高法院审理Pleus v. Crist一案时的照片。

息相关的。

300 多年前，正是这种绿色的黄金导致了美洲大陆的迅速开发。200 多年间，那种淡蓝色的烟雾便一直在白宫里盘旋不去，并隐隐约约地影响着美国的经济和政治。而从 20 世纪开始，全美最大的烟草商，那家香烟销售量占市场一半、红白色盒子的“万宝路”销遍全球的菲利浦·莫里斯公司，却不断地面临着一个个黑色的噩梦：它一次又一次地被消费者告上法庭，而赔偿的数字亦一次比一次更加巨大。在最近的一宗官司里，那位深受其害的女烟民向它索赔的款项更是达到了一个天文数字——280 亿美元。

2002 年年初，居住在洛杉矶纽波特湾区、现年 64 岁的白人妇女贝蒂·布洛克，被当地医院确诊为身患肺癌，而且，癌细胞已经扩散到了肝部。这噩耗，令刚刚喜得一名外孙女的布洛克遭受到沉重的一击。当她确知自己将不久于人世的时候，她愤而向洛杉矶法院呈交了一份诉状，状告菲利浦·莫里斯公司。在诉状中，她愤怒控告了该公司在 20 世纪 50 年代一场规模巨大的“万宝路”牌香烟促销宣传活动中，蓄意欺骗消费者，令当时年仅 17 岁的她“误入歧途”。自此以后，她 47 年来，一日也离不开“万宝路”，长期的吸烟，给她的身体健康带来了巨大的损害。因此，她向法院提出诉讼请求：以“欺诈罪”和“过失行为罪”，判决万宝路公司向她支付 280 亿美元的赔偿。

诉状一出，万宝路公司的老板们吓了一大跳。随即，在法庭上，双方的律师便爆发了一场激烈的辩论。原告的律师米高·皮

早期菲利浦·莫里斯公司为“万宝路”香烟做的广告，广告上的男孩儿看上去似乎就是未成年人。

乌兹向法庭指出：菲利浦·莫里斯公司当年为推广万宝路香烟所策划的那一场宣传广告活动——“旭日东升，前途光明，这里是万宝路的世界”，是美国商业界有史以来“最为恶劣”的对消费者的欺诈活动（这组广告曾被全球广告界誉为杰出的经典）。它以极美丽的画面，极健康的形象，极动听的词句，引诱不少青少年加入了吸烟的行列，但它却蓄意隐瞒了“吸烟危害健康”的真相。而辩方律师奥勒梅耶则反唇相讥道：在布洛克40多年的吸烟历程中，医生曾多次劝过她戒烟，但她却坚持说：“这是我自己的事，我有权决定干什么。”因此，辩方律师极力否认烟草商曾进行过“欺诈活动”，在布洛克吸烟致癌的问题上，烟草公司也并无任何的过失责任，并嘲笑原告人“漫天要价”是“发穷恶”，想“趁火打劫、发一笔横财”。

烟草公司的这种态度激怒了洛杉矶陪审团。2002年10月4日，他们一致作出裁决：原告得直。被告必须支付280亿美元的惩罚性赔偿！判词一出，菲利浦·莫里斯公司的股票价格应声下跌了5%。不仅如此，在纽约、东京、伦敦等地的证券交易所里，所有烟草公司的股票都被这宗诉讼案拖累而纷纷下跌。菲利浦·莫里斯公司如热锅上的蚂蚁，几经求情不遂之后，他们便决定向加州高院提出上诉，于是，这场官司便移到了旧金山。

其实，这些年来，菲利浦·莫里斯公司都一直是官司缠身，屡屡被消费者们告上公堂。远的不说，从1998年起，该公司就一年都未曾喘息过——

——1998 年，美国数十个州政府状告五大烟草公司危害健康，首当其冲的就是“万宝路”。菲利浦·莫里斯公司被迫答应在 25 年内支付大约 1000 亿美元的巨额赔款，并立即停止在一切公共场所宣传香烟产品的广告。

——1999 年，俄勒冈州法院判决，该公司要向一位吸烟受害人家属赔付 3200 万美元。

——2000 年，在一宗数百名烟民的集体诉讼案中，佛罗里达州法院判决该公司的赔款总额为 739.6 亿美元。

——2001 年，加利福尼亚州法院判决该公司向一位患了肺癌的烟民赔付 1 亿美元，但该烟民在获知判决不久后就死去，并未真正获得这笔赔款。

……

2002 年 12 月 18 日，加州高等法院终于对这宗有史以来个人索赔金额最高的“万宝路”上诉案作出了裁决。据说，当时审判的过程充满了戏剧性。法官埃格在法庭上，首先声色俱厉地警告菲利浦·莫里斯公司说：该公司在商业领域里一贯是“劣迹斑斑”，过去几年来，不管官司打到什么程度，总的来说，该公司其实都没有向烟民们支付过“一分一厘的赔款”。而不管该公司在其他州是靠玩什么花招来达到自己的目的，但在加利福尼亚州，加州法院可以很明确地告诉该公司一句话，那就是——没门！因此，当时，该烟草公司的律师及老板们都把心提到了嗓子眼上。但紧接着下来，对布洛克女士的索赔要求，埃格法官却语气一缓，不紧不慢地说：从法律上的“赔偿比例”的角度来说，本案索赔金额的比例是“显然过高”。因此，他在判决书中大笔一挥写道：“法庭判决，菲利浦·莫里斯公司须向贝蒂·布洛克女士支付索赔要求的千分之一，即2800万美元。”

判决一出，舆论大哗，公平与否，众说纷纭。但依我个人的看法，埃格法官作出这一判决，还是相当公平合理的。因为，在这一类案件的判决中，法官最困难的一点就是：如何既保护消费者的合法权益，又保护社会经济整体的利益？要知道，如果坚决判罚万宝路280亿美元，那么，全美国千千万万烟民们在这一判例的鼓舞下，不出几分钟，便会像一大群亚马逊食人鱼一样，把美国的五大烟草公司全部吃光！烟草公司破产了，许多工人农民就会失业下岗，千千万万股民的身家财富亦会付诸流水，而美国的政府就会减少了大笔税收，同时还要面对许多令人头疼的股市动荡和社会救济问题！如何去避免这种噩梦一般的后果？如何去不偏不倚地实现“正义的平衡”，并通过正义的平衡，去使社会的政治、经济秩序重新恢复稳定与和谐？而这一点，就正是埃格法官判词“批判从严、发落从轻”的用心良苦之处。看来，埃格法官，是一位很懂得“政治”亦很懂得“顾全大局”的法官。

但出乎意料，这判决一出，双方的律师竟然一齐不服。原告律师米高·皮乌兹愤愤不平地说：“这家公司在兜售死亡，这点赔款算不上是真正的惩罚。”而万宝路的首席律师则认为这个裁决是“与正义背道而驰的”……看来，这场官司最后一定还要打到华盛顿、打到联邦最高法院“九头鸟”那儿去。不管怎样都好吧，“有问题，找法院”，这是美国公民的权利，也总算是美国社会的一种好传统。

离开加州法院的时候，已经是暮色苍茫时分，我们驾车来到了旧金山的“世界第一长桥”——著名的金门大桥。这座橘红色的大桥，在夕阳的映照下，通体像一条金红色的火龙。漫步桥上，远眺金门桥外的太平洋，烟波浩瀚，近观金山湾内的水面，游艇点点，景色十分壮观。但据说，这条风光优美的大桥，却是一座著名的“自杀之桥”，自大桥建成以来，已经有 4000 多人在这里纵身一跳，葬身鱼腹。漫步此地，我真的有点儿大惑不解——布洛克女士身患绝症，仍然为争取自己及广大消费者的权利而奋斗不止，到底还有些什么原因，会令有些人竟然觉得活不下去，要跑来此地纵身一跳呢？

夜色茫茫中，有个警察正带着怀疑的眼光向我们走来。可能他见我们在桥上徘徊了很久，正怀疑我们是否也想纵身一跳而准备出手加以制止？于是，我们边继续散步，边微笑着，向这位尽职的警察送去了一声：“Hello!”

“我有一个梦”：人权斗士马丁·路德·金

“法律秩序的形成得益于以下两个历史条件：一是多元利益集团的存在……二是‘自然法’的信念深入人心。人们普遍相信存在一些最高的、神圣的法则（如自由、平等、公平、正义等），使他们在论证或批判现行的实在法时，可用于作为一种终极性的依据。”

——当代美国法学家昂格尔：《现代社会中的法律》

在美国人心目中，能与总统华盛顿并驾齐驱，并像他那样享有一个全国性纪念日这种崇高荣誉的伟人，只得一位。他是谁？是总统杰弗逊·林肯？是科学家爱因斯坦、贝尔、爱迪生？是电脑大王比尔·盖茨？还是摇滚乐歌星披头士“猫王”？都不是。他就是那位著名的民权斗士、黑人牧师——马丁·路德·金。

如果说，美国社会长期存在的那种丑恶的种族歧视状况，在今天已大大改善了的话，那么，在种种的原因之中，很大的一部分，便要归功于马丁·路德·金，以及归功于广大黑人群众长期的、艰巨的“非暴力抗争”。金博士生前，曾发表过一次著名的演

1955年12月1日，时年42岁的裁缝罗莎·帕克斯（Rosa Parks）被捕后在警局留下指模。

说——“我有一个梦想”，1968 年，他虽然死于暗杀者的枪下，但他墓前燃烧的不熄之火，却至今仍日日在风中飞扬。

追寻着金牧师的“自由平等”“公平正义”之梦，我们在美国的南部穿州过府，展开了一次可歌可泣的黑人“民权运动”之旅，实际上，也展开了一场美国法律正义的“成长之旅”。

首先，我们来到被称为“南部心脏”的亚拉巴马州。这个州近 2/3 的土地覆盖着茂密的森林，一望无际的沃土上种植着大片的棉花，1936 年，在柏林奥运会上夺得 4 枚金牌、狠狠地给了希特勒 4

左图：罗莎·帕克斯和马丁·路德·金在一起。右图：1963年8月，马丁·路德·金组织了美国历史上影响深远的“自由进军”运动，率领20多万名黑人向首都华盛顿进军，为全美国的黑人争取人权。这张照片拍摄于他发表著名的演讲《我有一个梦想》那一刻。

个耳光的黑人田径明星欧文斯就生长在这个著名的“棉花州”“圣诞树州”里。但这个州，历史上却是一个种族歧视相当严重的州。例如，黑人的孩子不能与白人孩子在同一间学校；工厂里的饮水桶要挂上一个牌子：“有色人种”；在巴士上，黑人不能坐只能站，谁敢反抗，则马上会遭到警察的逮捕。这种种悲惨的情况，只有在马丁·路德·金到来之后，才开始发生了改变。

我们现在就站在亚拉巴马州首府蒙哥马利市的一个十字路口。这里有条路灯柱，上有一块牌子写着“ROSA PARKS BLRD”

（罗莎街）。进入罗莎街不远，马路边上有一块“历史文物保护”的牌子，上书“罗莎·帕克斯乘巴士遭逮捕的地方”。不说你可能不会知道，这个小小的牌子，原来，却记载着美国法律史上一个伟大的转变。

那是1955年12月1日的下午，天气寒冷而阴沉。当时，一位中年黑人妇女在此地登上了一辆公共汽车。她刚在座位上坐下，耳边忽然就响起了一声怒喝：“黑鬼，站起来！这车上只有我们白人才可以坐，把座位让给我！”外表文静而性格刚强的罗莎，这位普通制衣店的女裁缝，此时，却出乎所有人意料之外地、勇敢地说了一声：“NO！”她马上便遭到了白人们的一场殴打，而车上站着的黑人们个个敢怒不敢言。不一会儿，两个警察登上车来，以“违反本州座位隔离法令、扰乱治安”为由，将罗莎·帕克斯拘捕了。

当时，刚从波士顿大学取得神学博士学位、刚到蒙哥马利市一家教堂任职牧师的马丁·路德·金得知这个消息后，真的是忍无可忍了。他马上发动了全市5万名黑人，开展了一场长达381天的“拒乘巴士运动”，使巴士公司老板的收入大减，面临亏损破产，终于，使州法院通过一项判决：“取消亚拉巴马州公共汽车上的种族隔离条例。”饱受压迫欺凌的美国黑人们，300多年来，为争取自己的权利而终于取得了第一次胜利！而金牧师，则成为几千万受歧视、受侮辱的黑人心目中的“民权之父”。

现在，我们又来到了亚拉巴马州的另一座城市——伯明翰。

1964年7月2日，林登·约翰逊总统在白宫东厅签署了《民权法案》，令这份美国历史上最为广阔的民权法成为国家法律。美国的民权领袖马丁·路德·金博士和支持者们目睹了这个伟大的时刻。

在这座南方的钢铁城里，黑人的数量占了一半以上，但种族歧视的现象却比其他地方更为严重。在20世纪五六十年代，这里经常会发生用炸弹袭击黑人住宅区的暴行，但警方对此却一直是视若无睹。当时的法令更是规定：凡示威游行、抗议活动都要向警方申请批准，而警方对黑人的示威游行则往往是阻挠、刁难、拖延不批。1963年，马丁·路德·金曾来到伯明翰，准备在耶稣受难日和复活节当天，组织数万名黑人上街进行和平的"民权大游行"。他按法律规定，派了个代表去市政厅提出游行的申请。岂料，市政厅的公共事务长官比尔·康纳这只狂牛（Bill，英文中"狂牛"的意思）竟口出狂言："在伯明翰市，你们在任何时候都不会得到游行的许可，我只会把你们抓到牢房去！”马丁·路德·金闻讯，当即发表了一篇声明：“我们不能服从不公正的法律，我们也无法尊敬政府对法律不公正的运用。”他决定挑战市政府的“恶法”，于是，示威游行在复活节当天按计划进行了。结果，游行队伍被警方的警棍和高压水龙驱散了，马丁·路德·金也被拘捕，囚禁在伯明翰监狱的牢房。

当年，金博士就是被囚禁在眼前这间小小的铁笼子里。在他一生为黑人的民权事业而奋斗的生涯中，总共三次被戴上手铐、投入铁窗。伯明翰市政厅控告他的罪名是：“未经批准便违法组织游行、扰乱治安”，而在法庭上，金牧师慷慨陈词：“法律有两种类型：正义的与非正义的。我提倡遵守正义的法律，我也提倡，一个人有责任不遵守非正义的法律。”结果，州法院判决他犯了“藐视法庭罪”。金牧师不服，于是，这场官司一直打到了联邦最高法院。

这场官司，对美国的“司法公正”也提出了一个真正的考验。经过激烈的争议，最后，最高法院9位大法官以5∶4的微弱票数通过了一项裁决。这份判词，至今读来，仍令人觉得十分的可圈可点：“我们是法律之下的政府和人民。不仅政府必须在法律之下生存，我们每个人也必须在法律之下生活……我们对金博士在伯明翰抗议事件中的行动没有道义上的批评，他的信仰有善良的基础……但一个公民不能在要求政府及他人遵守法律的同时，却声称自己有权不守法律而又不受惩罚，”因此，维持原判，驳回上诉。

但值得钦佩的是，金博士对此判决却没有任何抱怨，他勇敢地承认了自己原先对“恶法非法”观念在理解上的过激和失误，并真诚地接受了依法监禁 30 天的判决。全美国的民众，不管是黑人还是白人，都由此而上了一堂深刻的“法治”课。

多么伟大的一种法治传统！多么伟大的一位“正义囚徒”！金牧师这种善良、真诚地服从现行法律而又勇敢顽强地争取司法公正、不屈不挠地为弱势群体争取平等权利的伟大精神，不仅赢得了广大黑人群众的尊敬，也深深地感动了美国万万千千的白人公民。1963 年 8 月，出狱不久，金牧师又依法组织了一场全美国黑人向首都华盛顿的和平进军，要求黑人的“职业自由”和“居住自由”。而当年，在上百万人浩浩荡荡的大进军行列中，与黑人并肩行进在一起的，就有许许多多的白种人士。我们在华盛顿游览时，就专门去过一次林肯广场，去凭吊过金牧师当年的遗迹。当年，马丁·路德·金就在那个广场上，发表了他那篇举世传扬的伟大演说：“我有一个梦：白人和黑人的孩子们，能一起去上学！我有一个梦：白人和黑人们能和平地，在同一所教堂里祈祷！……我有一个梦：这个国家总有一天会觉醒起来，真正实现她伟大而神圣的信条，即——所有人，生而平等！”

今时今日，金牧师的这句名言，早已随着无线电波在空气中传播，超越了一切种族，超越了五湖四海的一切国界，而传遍了全球。

追随着金牧师的声音，我们又来到了田纳西州的孟菲斯城。

这座密西西比河畔的城市不仅与埃及的孟菲斯市同名，而且也像埃及的孟菲斯一样，有一座巨大的金字塔。在这座“美国大金字塔”玻璃大楼前的广场上，还矗立着一尊埃及法老拉美西斯二世的雕像。最奇妙的是，这里与埃及的孟菲斯一样，也同样是盛产棉花的地方。1968 年 4 月，金牧师就是来此地组织黑人罢工时而不幸遇刺身亡。

在孟菲斯市城南，我们找到了一家简朴的汽车旅馆，二楼，有一个同样简朴的单人房间，房间前面的走廊栏杆上挂着一个花圈，4 月 4 日，金牧师就是站在这走廊上，被从马路对面楼房里射出的一颗罪恶的子弹夺去了生命。噩耗一传出，美国黑人全都失声痛哭，而一场种族暴动的怒潮，顷刻就席卷了全美国的 125 座城市。

追随着当年金博士灵柩的足印，我们最后终于来到了佐治亚州的首府——亚特兰大。亚特兰大是金博士的故乡，也是他灵魂的最后归宿地。在奥本街 501 号，一幢棕白两色的维多利亚式小楼就是他的出生地，他的童年时代，就在奥本街的街头上度过，而他的遗体，也被安葬在奥本街的一座陵园里。据说，1968 年 4 月 9 日，亚特兰大市万人空巷地为金牧师送行。人们在他的石棺上刻上了一首古老的黑人圣歌：

“终于取得了自由，

终于赢得了自由。

感谢上帝，

我们终于取得了自由。”

我们伫立在金牧师的陵园里，只见一池清澈的池水围绕着巨大的石棺，水中倒映着蓝天、白云和世界各国敬送的几十面迎风招展的国旗，墓地的正前方有一束长明灯，日夜不熄，象征着金牧师"正义与友爱"(Justice and Brotherhang)的崇高理想，永不泯灭。

1990年，蒙哥马利市市政府，又在这个黑人民权运动的发源地，为马丁·路德·金建立了一座纪念碑——一堵黑色的花岗岩石上镌刻着一句金牧师的名言："直至公平与正义像滚滚江河，像滔滔溪流，奔腾向前。"碑上有水在不停地流淌。这座纪念碑的设计师，据说是我们中国留美的建筑学博士林海雅小姐。凝视着这座纪念碑，我忽然觉得，林小姐在这片巨大的花岗岩上，也寄托了我们中华民族一个千古的梦想。

我忽然又想起了镌刻在美国肯尼迪航天博物馆门楣上的一句伟大的格言——"只要有梦想，梦想可成真"。

缓刑之父：波士顿鞋匠的爱心

"只要有一种慈善的力量做引导，就能使罪犯为公共福利服务。"

——18世纪意大利法学家贝卡利亚：《论犯罪与刑罚》

波士顿城，素有"美国的雅典"之称。

位于美国东北海岸的波士顿，是建立在麻省（马萨诸塞州）一个伸出大西洋海湾的半岛之上的"岛城"。漫步在波士顿街头，只见市区小巧玲珑，房舍精美。她不像洛杉矶那样辽阔分散，也不像纽约那样高楼林立，但这里，处处闲适之中，却处处透露出一种大气——五步一草坪，十步一园林，无论你走在哪条街上，拐两个弯，透过那丛丛绿树，你总会看到那无处不在的滔滔海景。风光之优雅和美丽，我觉得犹在真正的雅典之上。

这种令人羡慕的优雅和大气，其实，是同波士顿的历史与生俱来的。1620年，当美洲还是一片荆棘丛生、美洲豹出没的荒蛮大陆时，美国人的第一船犯人祖先就乘坐一艘叫"五月花号"的三桅帆船，漂洋过海，来到了这里以南的海面上。透过茫茫的大雾，遥望着这片洒满金色阳光的新大陆，那102名长期被压迫侮辱的城市贫民与农夫们，禁不住心情激荡，相互拥抱，共同盟下了一个誓言——从此刻起，不分国籍，不分种族，无论贫富，不分贵贱，在上帝面前人人平等！凭自己的双手，在这片自由的新大陆上，开创我们自由的新生活！这就是美国历史上那篇著名的《五月花公约》，而“自由”“平等”，则从那一刻开始，就成为了公认的“美国精神”。

此后不久，此地便崛起了一座波士顿城。成千上万来自英国及欧洲各国的流亡者们，拖儿带女，纷纷涌到这座城市。于是，这里便诞生了美国的第一家铁匠铺、第一家毛纺厂、第一座灯塔，也诞生了美国第一所中学和大学（哈佛）、美国第一张报纸——《国内外公共事件》、第一所公共图书馆、第一条地铁、第一家歌剧院……后来，在此地的列克星顿小镇上，波士顿人更打响了美国独立战争的第一枪。

今天，波士顿城仍保留着昔日众多值得自豪的历史遗址。从市政厅大楼前的广场开始，有一条地面印着红漆路标的历史遗址观光线路，沿着这条曲折蜿蜒几公里的“自由之路”行走，你就像在浏览着200多年前美国先民们一页页光辉的奋斗史。

但我们今日来到波士顿，不是来追寻美国人往昔独立、自由的革命激情，而是要来追寻人性中最宝贵的一面——感恩、慈爱的一面。说起来，今日风行美国的“感恩节”还是波士顿人的一个发明哩。话说当年，当“五月花号”那102名新移民在异乡的土地上饥寒交迫、濒临死亡的时候，幸好，像詹姆士城那三船寻宝者一样，他们也得到了当地印第安人热情的帮助，教会他们种植玉米、南瓜、打猎、捕鱼，使一半移民能够侥幸存活下来。次年秋天，喜获丰收的白人们，用自种的玉米、南瓜和捕猎的火鸡大摆筵席，来答谢印第安人，90 名印第安人则带了鹿肉、大火鸡前来联欢。双方吃喝玩乐，围着篝火唱歌、跳舞、摔跤、比武，一连狂欢了 3 天，以后，年年如此，便成为美国一个独特的节日，名为“感恩节”。在这个节日里，家家户户都要大吃火鸡和南瓜馅饼，以感谢当年印第安人的救命之恩。或许，正是因为在这种传统的熏陶下，波士顿，才得以产生出了又一个充满爱心的故事——“缓刑之父”的故事。

我们现在就来到了波士顿法院的门外。160 年前的一个早晨，一名波士顿的补鞋匠，那位又穷又老、无亲无戚的老鞋匠约翰·奥古斯都，像我们现在这样，怀着参观的目的，走进了这座庄严的法院。

约翰·奥古斯都的工作地点就在法院门外的大街上。他在大街上摆个小摊，为过往行人修补皮鞋、缝线、钉掌，把皮鞋擦得乌亮，就仗着这门“为人民服务”的手艺，他的日子过得无忧无虑。

在法院开庭审判的时候，通常都是人们行色匆匆、没有什么顾客的时候。这时候，枯坐无聊的约翰，往往就会把小摊子收起，随着人流进入法院，去观看各种案件的审判。据说，他很喜欢观看庭上各种人物的表演，喜欢看辩护律师的机智谈吐和滔滔雄辩，喜欢看陪审团正襟危坐、全神贯注的样子，喜欢听法官们语重心长的结案陈词，也常常为各种案件中那些不幸的人们而担忧。

1841 年 8 月，某日清晨，一个衣衫褴褛、蓬头垢面的青年人被带进了法庭。约翰凭着那双“阅人多矣”的锐利眼睛，一眼就看出这又是一个在公共场所的酗酒闹事者。那时候，在麻省的法律中，“酗酒闹事”只是一种轻微的罪行，一般来说，被告人只需交付一笔保释金，便可判决在“监外守行为”一年。但如果被告人没钱交保释金呢，那等待着他的，毫无疑问，就只有那冷酷的铁窗。在那种小偷扒手、抢劫犯、强奸犯、诈骗犯云集的“监狱大学校”里关一年，即使原先是一个 100％的纯洁青年，出来时，也十之八九都学坏了，变成一个对社会充满怨毒、对法律充满敌意的职业罪犯。约翰·奥古斯都在法庭上，便见过不少这样的例子，当他看着眼前这个被带进来的年轻人眼里还闪现出一种惶恐、不安之意的时候，一股恻隐之心便涌上心头。

于是，约翰走到这个青年人的身边，悄悄地和他交谈起来。那醉汉带着极为内疚的心情对他说：他本是一个机器维修工人，有一手良好的钳工技术，有一个女朋友，还未结婚，但女朋友已经怀孕了。他不想进监狱，不想失去这份工作，不想让孩子一出生便要去监狱探望爸爸……如果能不入狱，他将保证一生戒酒，好好工作，重新做人……但他现在的困惑是，他没钱交保释金。约翰对这个年轻人充满了同情，他暗暗思忖：这个青年人还有希望。于是，他毅然地向法官表示：做他的担保人，保释他出去。

约翰·奥古斯都这种古道热肠，深深地打动了法官。而且，那时候的波士顿，犯这类轻微罪行的犯人也实在是太多了，一来监狱有人满之患；二来正如刚才所说的那样：一进监狱，好人也会变坏，全世界从来如此，不思改进的监狱司法制度，正徒然地为自己制造着更多的敌人。如何去解决这个棘手的司法难题？那法官灵机一动，同意了约翰鞋匠的请求。他下令：被告人延期 3 周审判，3 个星期之后再回到法庭上来，法官到时将视具体情况而作出最后判决。

鞋匠和法官的灵光一闪，便终于开创出美国法律史上一个全新的思维——“惩罚与教育”相结合的新局面。

3 个星期后，约翰鞋匠亲自陪同被告人返回法庭。这时，以前那个蓬头垢面的醉鬼，据说，已经变成了一个容光焕发的年轻人。约翰鞋匠只读过 2 年书，但据说，他用他不多的文化努力地写了一页纸的书面报告呈交给法官，上面写着：他——约翰·奥古斯都，以上帝的名义发誓作证，证明这个年轻人 3 个星期以来滴酒未沾，一直是勤奋地工作，空余时间还去照顾社区的孤寡老人。作出证词的，还有这青年所属街区的“片警”和教堂的牧师，他们的证词与约翰鞋匠所说的基本一致。法官一见大喜，当场宣布释放被告人，并象征性地对被告罚款 1 分钱。那个年轻人紧紧地拥抱着约翰鞋匠，喜极而泣。据说，从此以后，这个人终生不再饮酒，变成了一个守法勤劳的好公民。

一个补鞋匠的爱心，却深刻地改变了一个人一生的命运，同时，也极深刻地影响了美国司法制度的文明进程。此后的17年间，约翰鞋匠共为2000多人做过“缓刑担保人”。他与这些贫穷无助、偶犯过失的犯人们交朋友，帮助他们找工作，鼓励他们改过自新、照顾家庭和邻里。当缓刑期满，鞋匠约翰总是亲自陪同被告人出庭，也总是亲笔向法官提交一份报告，描述被告在缓刑期间的表现。而法官也往往很相信他的报告，对表现良好的被告人，通常也是遵循先例——象征性地罚款1分钱便予释放。在许多法官和议员的推动之下，不久，麻省正式通过一项法律，在州司法部之下成立一个“缓刑司”的机构，来推广这种“仁心仁术”的新刑事司法制度。不出几年，全美国30多个州也纷纷效法麻省设立“缓刑司”，而鞋匠约翰·奥古斯都，则无意中，成为全美国的“缓刑之父”。

波士顿又一次创下了一项“美国第一”。而小人物，又一次为法律事业作出了大贡献。

今日美国，全国535万名犯罪人员中，据说有近60%是采用“缓刑”方式来进行教育和改造的。而除了“缓刑”之外，美国司法界还发展出了一系列诸如假释、赔款、强制治疗、重返社会教育、少年犯训练营、社区内改造犯人等多种人道主义的司法方式。每当回顾这一切进步的时候，人们便不禁以满怀尊敬的心情想起那位又穷又老的波士顿鞋匠——约翰·奥古斯都，但现今法院门外的大街上，人们已找不到鞋匠当年的身影了。

站在鞋匠约翰当年摆摊子的地方，我想，这儿应该有他的一尊塑像。起码，也应该像好莱坞星光大道那样，在人行道上为他镶嵌一颗星星，为后人留下一个永久的纪念。

法学链接

美国“缓刑制度”的利弊也一直是美国司法界争论不休的一个话题。赞成者肯定了它对罪犯改造的人道主义精神和节约司法资源的社会经济效益，反对者则认为：缓刑者中有51%以上的人后来会重新犯罪并被再次逮捕、审判定罪和重新入狱，它实际上鼓励和纵容了犯罪。但随着时日的推移，现在，已经有越来越多的人倾向于认为：缓刑制度实践效果的好坏，其实，主要应看缓刑官的素质高下，及各种管理制度是否规范健全。而缓刑制度本身，就立法思想而论，则可以肯定是司法文明的一大杰作。

Justice

环球法旅

——法律的趣闻

今日世界，先进的法律文化已经在全球各国普遍开花结果。“依法治国”“司法文明”已成了一股汹涌澎湃、不可阻挡的历史潮流。

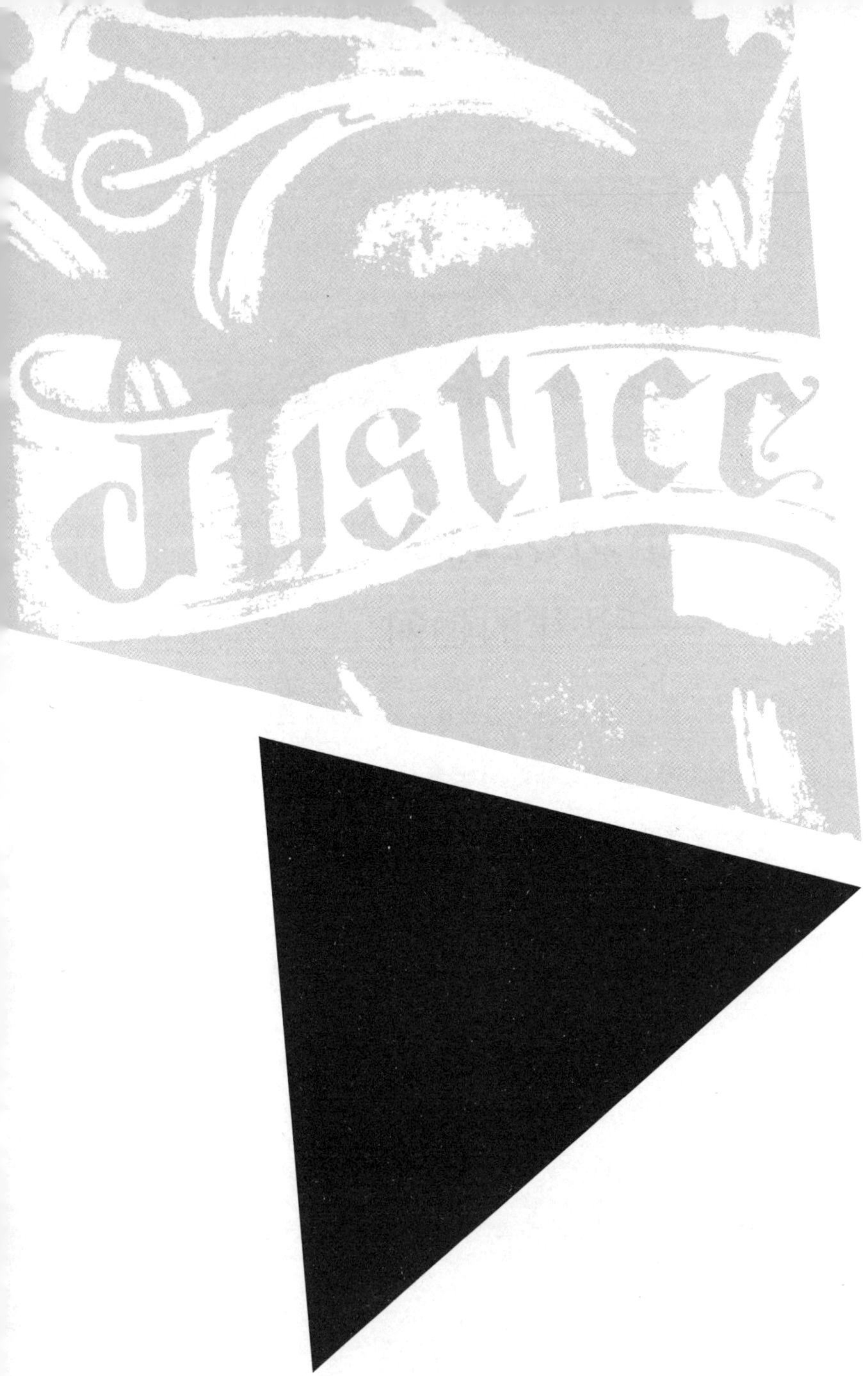
Justice

法无明文：悉尼海滩上的“亚当”和“夏娃”

“法无明文不为罪。”

——西方古代法律格言

提起澳洲的历史来，还真与美国有点血缘关系。1783 年，美国独立战争胜利后，美国便再也不肯成为英国持续了 100 多年的罪犯收容地。于是，英国监狱里大量“人满为患”的罪犯别无出路，便被迫流入了澳洲这片刚刚被发现的，离欧洲更遥远、比美洲更荒蛮的黄金海岸。这样，今日的澳洲人便被留下了一个挥之不去的、比美国人更甚的“罪犯祖先”的烙印。

时至今日，因祸得福，噩梦醒来发现跌入了一个金窝里的澳大利亚人，却还会时时莫名其妙地，对“美国佬”这个同母异父的兄弟有点儿怀恨在心。

平心而论，第一个踏上美洲大陆的英国人只是一批寻宝者，准确点儿来说，只是一批劳工，而第一个踏上澳洲大陆的英国人却真的是一个海盗。500 年前，欧洲人凭着他们天文地理知识的进步，早就隐隐地察觉到——在南半球辽阔的海洋上，在与北半球欧洲大陆相对应的对跖地上，应该有，也肯定会有一片未知的大陆存在。但二三百年过去了，无数探险家千辛万苦、冒死搜寻，几次就在它的身旁擦过，而这片神秘的大陆却始终不肯现身。

威廉·丹皮尔这名作恶多端的英国海盗，却有幸成为世界上首个真正发现澳洲的人。某年，他在菲律宾抢劫了一条商船，然后，他向南方的海洋拼命逃窜。1688 年 1 月 4 日，他无意中闯入了这个梦幻般的袋鼠国度。返回英国后，他逢人便胡吹一通，而伟大的作家乔纳森·斯威夫特则根据他的信口开河，写成了一部脍炙人口的《格烈佛游记》——大人国，小人国……

将近一个世纪过去了，却从无一人能再一睹这片神奇大陆的芳踪，于是，丹皮尔便被人视作一个精神失常的骗子。直到 1769 年，英国著名的库克船长驾船在南太平洋闯荡，他在新西兰绕了一圈，判定它是一个新发现的大海岛（New Sealand）之后，便掉头向西航行准备回家，然后，才一头撞上了澳大利亚。

库克船长在今天悉尼附近的植物湾登陆，并插上了一面英国国旗。18 年后，即 1788 年，美国革命胜利的 5 年后，菲利普船长（澳洲的第一任总督）率领满载英国罪犯的“第一舰队”也在植物湾再次登陆。于是，大英帝国在刚刚失去北美十三州的大片殖民地之后，又侥幸地获得了一片相当于原来 4 倍的更大的殖民地——澳大利亚和新西兰。由“第一舰队”送来的 736 名小偷妓女、扒手骗子，便自然而然地成了澳洲白人的祖父祖母。而诸如

绘画：偷食禁果的亚当和夏娃被守护伊甸园的天使逐出伊甸园，佛兰德画家Jan Gossaert（1478-1532）创作。

"内德·凯利小子"之类的江洋大盗，罗宾汉式的反政府绿林好汉，便成了澳洲人家喻户晓、世代景仰的民族英雄。

不过，今日澳洲，已随着世界各地高文化移民的进入，而逐步地肃清了昔日的罪犯文化，发展为一个繁荣富裕、安定悠闲、世外桃源似的天堂国家。这个天堂国家里的人民，不论男女老少，一生中都有近 1/3 的时光是在海滩上度过的。像美国人一样热爱追波逐浪的澳洲人，除了对"美国佬"还有点莫名其妙的不怀好感之外，也如美国人一样的热情奔放，强烈地尊崇“自由至上”的法律精神。

下面这个发生在澳洲海滩上的法律故事，与发生在美国夏威夷海滩上的故事简直是“异曲同工”。与美国的“民告官”故事（或传说）相反，这个澳洲“官告民”的法律故事，却真真切切是世界法律史上的一个经典故事。

我们现在，就来到了悉尼市郊的一片海滩上。

多年以来，悉尼就是因那座举世无双的、造型浪漫优美的悉尼歌剧院而闻名于世。但鲜为人知的是，悉尼，还是一个“亚当与夏娃的天堂”。在悉尼北郊著名的曼利海滩上，我们惊讶地发现：在这里，几乎所有的美女都赤裸着上身，仅穿一条小小的三角裤衩，在蓝天白云、碧海黄沙的拥抱下，毫无顾忌地在游泳、嬉戏和悠闲自得地晒太阳。

而据导游介绍，此地从来就是一个著名的“天体海滩”，刚才我们见到的，只不过是些“小儿科”。定睛一望，果真，海滩上，还散落着许许多多一丝不挂的男男女女。他们不仅以天体进行日光浴，以天体出没于碧波白浪中，还时时带着几分微笑和自豪，以天体在沙滩上闲庭信步，情侣拖手。在他们看来，旁人的反应无关紧要，因为据导游说：这叫作“美的展示”和“回归自然”。

不过，在曼利镇政府官员眼中，这却是极其恶劣的“伤风败俗，有碍观瞻”的事情。他们并不想自己的子民们回到伊甸园的时代。因此，几年前，镇政府的官员终于忍无可忍，出动大批警员拘捕了数十名裸泳者，并以“违反法令、诱发犯罪行为”为由，向悉尼市法院进行了起诉。

据说，当年镇政府官员手上的“法”宝，是经千辛万苦、翻箱倒箧地找出来的一部颁布于 1919 年的《澳大利亚地方政府法案》。法案中有这样的一条规定：各级政府可以用游泳者“着装不当”“衣料透明”的罪名，禁止他们进入公众场所，并依法拘捕和起诉他们。好不容易找到了这把“尚方宝剑”，曼利镇政府以为这场官司已经稳操胜券，便兴致勃勃地准备大开杀戒。

在悉尼法庭上，政府律师慷慨陈词，要求法庭“依法从重从快”严惩这些不良分子。而辩方律师的答辩却出乎意料：我们都是赤条条，根本无着装，何来“着装不当”？我们本来就无衣料、一丝不挂，这又如何扯得上是“衣料透明”？真是上有政策，下有对策。一句话，镇政府用来检控裸泳者的两条法令完全不适用！查遍澳洲现行法律，并没有关于裸泳违法的条文，而“法无明文”，则任何机构都不能对公民随意定罪！

一席滔滔雄辩，辩得镇政府官员目瞪口呆。双方律师随即展开了一场大辩论。据说当年，在整个诉讼期间，整个澳洲社会都卷入了这一场“道德与法”“法与自由”的大论战。

赞成者说：裸泳完全是澳洲人民的一种权利和自由。正如人们有权把一部漂亮轿车驶入公共停车场，如果引来偷窃者的邪念，干出各种犯罪行为如偷车、毁车等罪案，则应追究犯罪者的责任而不应责罚车主。

反对者则说：诱惑是犯罪的根源。裸泳者的答辩是纯属狡辩。他们这种明目张胆挑战法律、挑战社会公德的行为，更应受到法律的严惩。

而社会的舆论，后来却渐渐地趋向于一种共识，那就是——权利至上，自由至上！据说当时，有一位女郎在接受悉尼电视台的采访时说："我不赞成裸泳者的行为。但在不违法、不妨碍他人自由的情况下，我认为，他们应该有选择自己行为的权利和自由。"

众说纷纭。而法院的判决却早已成竹在胸。

"法无明文不为罪！"这是西方司法传统里一条从古到今坚定不移的司法原则。我们中国在 1996 年修改刑诉法的时候，也吸收了这一原则的精神，明确建立了"罪刑法定"的现代司法原则。既然法律没有明文规定裸泳的罪名罪责，那么，无论镇政府的拘捕行动是出于一种多么高尚的动机，都只能驳回镇政府的起诉，将裸泳者无罪释放。

一如既往，法官在结案陈词中，又照例语重心长地对政府官员和市民们作了一番普法教育，他说：一个公民的权利和自由，是澳洲这个国家一贯最珍视的财富。法院凡涉及要对一个公民行为的权利自由问题进行处罚的时候，其一贯的立场便是"依法办事"和"慎之又慎"。而谨慎遵从这两点原则的结果，就必然是"法无明文不处罚"，否则，人们的行为对错就没有了一个标准，人民对自己的荣辱命运就没有了一个合理的预期。在一个是非混淆、标准模糊不定、一切以政府官员的是非为是非的社会环境里，人们若动辄得咎，无罪也受罚，就会人人自危，扼杀了自由和活力。长此下去，这个国家和民族还会有什么前途？

澳洲法官以一个坚定的疑问句结束了他的陈词。但法庭内外，却是一片欢呼。裸泳者全部被无罪释放，而曼利海滩，则至今仍是这些“亚当”和“夏娃”们自由自在的天堂。

在离开曼利海滩的时候，我脑海里时时回响着悉尼女郎的那句话：“我虽不赞成你的这种选择，但我却坚决捍卫‘你有权去选择’的这种自由！”

离婚之城：拉斯维加斯趣闻

"社会与经济的变迁，也引起法的变迁。改变社会和经济生活基础的同时而不带来法律上的相应变化，是不可能的。"

——20世纪奥地利法学家埃利希：《法社会学的基本原理》

在去寻访"米兰达警告"的故事之前，我们曾抽空去了一趟拉斯维加斯。

而未到拉斯维加斯之前，我们只知道它是一座沙漠中的"赌城"，每年都有几千万游客，从世界各地飞来，然后在此地挥金如土，赌他个天昏地暗。

但到了"赌城"之后，我们才知道，原来，此地还有另外一个闻名遐迩的大名，叫"离婚之城"，一个婚姻法的"特区"，这倒激起了我们对这座赌城另一面的浓厚兴趣。

于是，我们便从洛杉矶出发，沿着高速公路往东北方驱车疾驰了 6 个多小时。一路上，映入眼帘的，是一片茫茫的大沙漠，和稀稀落落的仙人掌。当火红的太阳正要落下沙漠之际，突然，在公路的前方，在沙漠的深处却冒出了一座大放光芒的不夜城。当汽车终于驶进拉斯维加斯市区时，只见五光十色的霓虹灯把全城照耀得如同白昼，各家酒店、赌场、娱乐场里，人山人海，震耳欲聋的欢呼声和硬币叮叮当当的撞击声响彻大街小巷。街道上、赌场中，很多穿着各式古装的服务员和歌舞艺人穿梭往来，载歌载舞，街上的游客行人，熙熙攘攘，眼前的情景，令人仿佛置身于《一千零一夜》的梦幻时代，而忘记了我们此刻，正身处在四面黄沙的包围之中。

说起来，拉斯维加斯真是堪称一个人间的“奇迹”。它地处美国西部内华达州的一片大沙漠里，此地终年气候炎热干燥，寸草不生，本是一个荒无人烟的铁路小站，只是偶然有几个矿工和一些游牧民在此地出没。为发展经济，70 多年前，美国人却忽发奇想，要在这片沙漠里建一座赌城来发展旅游业。于是，州议会马上便通过了一项法律，使赌博合法化，同时，他们又在沙漠中筑起了一座巨大的水利工程——胡佛水坝，截住那条科罗拉多河的上游，为赌城提供充足的水源和电力，于是，一夜之间，拉斯维加斯便变成了一颗沙漠上的明珠。

但美国人可能不知道，他们这样做，却使科罗拉多河下游的墨西哥农田出现了大面积的荒漠化。当然，这些都已是后话了。

漫步在赌城之夜，只见赌城处处都有赌场，而赌场又大都设在酒店里。不说不知道，一说吓一跳，原来，在目前全世界 10 大酒店的排行榜上，拉斯维加斯的酒店竟然就占了 9 家！这些超级大酒店，全部都集中在一条长达 8 公里的拉斯维加斯大道上，而且，它们的富丽堂皇、多姿多彩，都远远超出了你的想象——号称

这座建筑是联邦邮政和拉斯维加斯联邦法院所在地，位于克拉克县（United States Post Office and Court House Las Vegas, Clark County）。

“全球之最”“酒店业中的巨无霸”的米高梅酒店（MGM Grand），据说拥有客房5005间，其中贵宾房、总统套房就有751间，可同时招待数百位阿拉伯王子及亿万富豪入住。米高梅酒店外层，全部以绿色的玻璃为装饰，远远望去，就像是沙漠中的一片绿翡翠。金字塔酒店则以深蓝色玻璃幕墙的金字塔形建筑为主体，酒店前，矗立着一尊与古埃及原物一样大小的狮身人面石像，酒店内的装饰布置，处处充满了古埃及的风情。而古堡酒店、宝岛酒店、Casino Center（赌博中心）、恺撒皇宫、火烈鸟希尔顿饭店和

“Circus,Circus”（马戏团、马戏团）等著名大酒店、大赌场，无一不是金碧辉煌、美轮美奂，无数喷泉水池，在五颜六色的灯光照射下，不停地喷射出数十米高的水柱，夜色越深，灯火越辉煌，处处充满了一种狂欢节似的气氛。

出于好奇，我们走进了“Casino Center”，据说，这里是每一个初来赌城的游客必看之处。赌场的地上铺着猩红色的地毯，头顶上是大型的水晶吊灯，在散发着柔和的光辉。来自世界各地的各色人等自由自在地进出着，大厅里，通道边，处处都摆满了成千上万的“吃角子老虎机”。据说，在这个只有33万人的城市里，却拥有303万台老虎机！这303万台老虎机，遍布在全城各个角落，日夜不停地、“咔拉、咔拉”地响着，面无表情地吞进和吐出无数的硬币。我们也像千千万万游客一样，“入乡随俗”地给老虎机喂了几枚硬币，但那台老虎机吃了我3个角子之后，只是咕噜了几声，便一直沉默不响，那神气，似乎是对我小小的三枚硬币不屑一顾。看这样子，我们赶快拔脚而逃。

好了，闲话休提，言归正传。今日的内华达州，早已经成功地“脱贫致富”了，据说，其财政收入的一半以上，是来自赌城及旅游。但为了更“广开财源”，更快地刺激经济发展，州政府又想出了奇特的一招——简化结婚与离婚的手续，以“来赌城，快速离婚，闪电式结婚”为号召，这一招，果然又吸引了美国不少男女蜂拥而至。

原来，说出来你都会不信，在美国，婚姻法与其他的法律一样，都是深受英国普通法的影响，在很长的时间内，美国人不仅结婚难，而且离婚更难。在我们中国，小两口要结婚，只要拿着自己的身份证、户口簿，再签两份声明，到民政局办事处去办个结婚证，半天就办妥了。但在美国，政府与教会却认为结婚是一件十分严肃的大事，把它提到“法律”的高度来看。因为一结婚，便产生了新的法律关系：首先，会有共同财产的出现；其次，有孩子的出现；最后，有继承权的问题出现。如果是异国情侣的跨国婚姻的话呢，则还会有国际关系的出现，总之，都是些极严肃的法律问题。因此，在美国，不提“结婚”二字，那就什么问题都没有，法律之外，男女关系，可以任由你闹得热火朝天、朝三暮四、轰轰烈烈、颠颠倒倒，绝没有人去说你半句。但倘若你情到浓时，真的想结婚的话，那么，这问题的性质就改变了，因为这就属于法律之内的事了。哪怕你双方爹娘都同意了，都还不算数，这时候，国家就一定要出来“狗拿耗子——多管闲事”，要出来“为民做主”。说出来很多人会不相信，美国人结婚时，婚姻登记处的官员一定会用怀疑的目光盯着你，并再三地追问你：你们认识了多久？相互了解有多深？你是否真的要和“这个人”结婚？你有无考虑过以上的法律问题？……左盘右盘、左审右审，仿佛恨不得“让天下有情人都不能成眷属”的样子。一切都问完了，你还不能拿到结婚证，按法律规定：双方婚前还必须要有一个“考验期”，该“考验期”在各州法律中长短各异，短则 3 天，长则 15 日。总之，在双方爱得发昏而准备“结昏”的时候，美国政府却硬要强行给你泼一盆冷水，让你们清醒慎重地再考虑一次，然后才批准你结婚。

至于说到美国人的离婚，那就更难了。我们中国人原先总以为美国人都是些极潇洒的家伙，说“拜拜”就“拜拜”，其实，美国许多州的法律，由于深受基督教教义的影响，对离婚历来是深恶痛绝的。在美国，法定准许离婚的理由不但很少，条件很严格，而且，同样也有一个漫长的“考验期”，有的州规定至少 1 年，而最长的则规定要分居 3 年，才准你提出离婚请求。这种搞法，弄得生性好动而又急躁的美国人怨声载道。

但各州婚姻法的严格，却无意中造就了赌城的无限商机。1931 年，内华达州就立法规定：凡在赌城登记结婚者，20 分钟之内就可以结为合法夫妇；而凡在赌城居住满 6 个星期者，即可在该州的法院诉请离婚。此法一出，成千上万的怨侣们纷纷从美国各地涌进这片沙漠里，实行“迁居离婚”，赌城即刻就从几十个州中抢走了大笔的“离婚生意”！在拉斯维加斯的州法院里，只要你在赌城真的住满了 6 个星期，离婚判决 3 分钟就能完成，绝不拖泥带水。据说，每年都有几万对实在过不下去的夫妇在这里和气分手，各奔前程。

不过，另一个更吸引游客的内容则是“闪电式结婚”：一对外地来的男女，只要年满 18 岁，缴付 35 美元的结婚登记、发证费用之后，就可马上成为合法的夫妻。于是，赌城便马上又成为一个名扬四海的"结婚天堂"。我们在"Casino Center"赌场内，就亲眼看到了一个婚姻登记代办处，"结婚服务"的触角居然延伸到赌场里面来，这真是有点儿不可思议。而更不可思议的是：整个赌城里，有婚礼教堂40多座，从周一到周五，服务到子夜12时，周末则24小时通宵营业，由此可见，此地的"婚姻生意"是多么的兴隆。

在赌城，我们还听说了一个有趣的故事：一对因家境贫穷而经常争吵不休的夫妇，一怒之下来到此地办了离婚手续。出了法院的大门之后，男的两手空空、四顾茫茫，便决定用仅剩下的20美元去赌场再赌一把，借赌消愁。当他随便挑了一台位置偏僻、无人问津的老虎机坐下，刚给它塞进一枚硬币时，那老虎机却突然大发神威，哇啦、哇啦地张口狂吐出一大堆如山的硬币，总共有10多万美元。也可说是"心有灵犀""前缘未断"吧，无独有偶，他的前任太太恰好也来到了同一个赌场里，这汉子激动地抱着前任太太的双腿，跪下再向她求婚，于是，双方抱着一大袋子硬币又马上在赌场的代办处登记，再到旁边的小教堂里闪电式地再结了一次婚。

这种历来只会在小说里或电影上才能看到的"后腿未出法院大门，前脚又跨入结婚教堂"的神话，终于，在拉斯维加斯这个梦幻一般的赌城里，真的实现了一回。

法学链接

20 世纪 70 年代以前，美国离婚法实行的是“有过错原则”。离婚被认为是对有过错一方的制裁和惩罚，及对无过错一方的解救和补偿。但近 30 年来，许多州的法律已抛弃了这个陈旧的观念，而开始实行了“无过错原则”——“婚姻破裂原则”。只要夫妻双方的婚姻关系已经确实破裂，不论有无过错，也不论归责于哪一方，法院都会无条件地准许一方或双方当事人的离婚请求。这种法律上的转变，反映了当代世界各国家庭法进步的普遍趋势，使严重的社会问题有了一个新的、皆大欢喜的解决出路。在这方面而言，赌城可算是“婚姻法”进步的先驱了。

巴西利亚："法治之都"

"共和国官员的手既是执行法律的力量，那么共和国官员的心就必须向人民负责。"

——17世纪英国法哲学家詹姆士·哈林顿：《大洋国》

这一节，我们的法律之旅终于来到了南美洲。第一站，是奔向足球之国、桑巴舞之国——巴西。

从巴西著名的海滨大城市里约热内卢出发，乘飞机往西北方向的内陆飞行，飞了一个多小时之后，机翼下，一团团白棉花般的云海里，突然出现了一片连绵无尽的红土地——巴西高原。巴西，这个"红木之国"的首都——巴西利亚终于到了。

从飞机上俯瞰脚下的荒原，我们惊讶地发现：这座城市的规划布局像极了一架飞机——它机头朝东，机尾在西，南北两翼沿着两个">"字形的狭长湖泊展开，整个城市就像一架迎着旭日东升、昂首起飞的太空穿梭机。从来只知道巴西桑巴舞的热情奔放、巴西足球的激情美妙，而未到过巴西利亚之前，还真的不知道巴西人在城市建筑上，亦有如此浪漫的创意。

巴西联邦最高法院建筑和建筑前广场上的正义女神雕塑，巴西雕塑师Alfredo Ceschiatti（1918–1989）创作于1959 年。

我们的飞机降落在这架“大飞机”的尾部。一下机，我们便乘车直奔巴西利亚的市区。我们的“法律之旅”来此地的目的，破天荒第一次，不是来追寻什么法律的故事，而是来游览市容。其实，就在我们来到巴西利亚之前，已久闻这座城市的建筑是处处按照现代法学的理念来设计的，今日之行，我们正是要来实地领略一下这座闻所未闻的“法治之都”种种独特的法律风情。

在汽车上，边浏览着这座花园式的城市，边听着导游介绍它的历史。原来，历史上，巴西的首都设在东部沿海的萨尔瓦多和里约。为了带动西部的大开发，推动安第斯高原和亚马逊流域经济的发展，1957 年，巴西人决定在这片有 3 条河流汇集的、海拔高度为 1161 米的荒野上建设一个新的首都。当时，在巴西全国还公开举办了一次征集“新都规划蓝图”的设计大赛，最后，从 26 名参赛者中，选中了巴西著名设计师科斯塔的方案——在三河汇集的下方筑起一条大坝，使三河的上游形成两个巨大的“V”字形的人工湖，整个城市坐落在突入人工湖的一个三角形半岛上，规划建设成一架向东腾飞的飞机，寓意巴西是一个迅猛发展、高速起飞的发展中国家。此方案赢得了绝大多数选民的投票，于是，新都建设，从拦河筑坝、蓄水成湖到主体落成、举行迁都典礼，巴西人前后只用了 3 年！

我们的车子沿着 8 公里长的首都中央大道，从“机尾”经过“机身”驶达驾驶舱的“机头”。机尾部分，是为首都服务的无污染工业区、印刷出版区。机身的后半部，则是文教区、体育城、电视塔和公共汽车中心。机身的前半部，是政府各个部门的大厦广场。马路两旁，整齐地排列着外交部、国防部、司法部等部门的办公大楼，这些大楼的建筑风格各异，绝无一座雷同，相同的是座座大楼都无围墙，楼外处处是绿树成荫、绿草如茵。看上去，很有一点像华盛顿的感觉。

在中央大道的两侧，沿着南北两翼的湖畔，伸展着大片的公寓区、别墅区、使馆区和商业区。据说，巴西利亚在建城之初，就先制定了一部严格的《城市规划建设法》，按城建法律规定：公寓最高不得超过 6 层楼，湖畔只能建 2 层的别墅住宅，所有空地都必须绿化，种上四季常青的灌木墙、小花园和小草坪。因此，在巴西利亚有裸露的美女，但蓝天下，你却绝对见不到有一寸裸露的土地。这座“自由”与“法治”相结合的城市，看起来，就像一个人间的伊甸园。

现在，我们就来到了这架“大飞机”的核心部位——“机头”的位置。这“机头”位于巴西利亚半岛的最前端，面向着两个波光粼粼的大湖。这片碧水环绕的三角形地带，就是巴西的灵魂——国会、总统府、最高法院三大首脑机关建筑的所在地。它们三足鼎立，象征着西方法学的民主法治精神，因此，此地的大名就叫作“三权广场”。

漫步在“三权广场”上，首先映入眼帘的就是那组醒目的议会大厦建筑群。只见在辽阔高远的蓝天白云背景下，高高耸立着两座并列的 28 层长方形大楼，其外观酷似“9·11”事件中被撞毁的纽约世贸双子星大厦。但细看之下，却发现它们与双子星大厦又有所不同：这两座大楼之中有一条过道连通，远观就是一个英文字母“H”形。据说，无论在英文或是葡萄牙文中(巴西历史上曾是葡萄牙的殖民地)，“H”都是“人”和“人类”的第一个字母。这国会大厦(立法机构)的造型构成一个“H”字，据说，是寓意着一切立法的目的都是“人”，都是保障“人权”的意思。“H”形大楼的右边，是众议院四层高的大厅，大厅的顶部造型，如一个白色的开口仰天的巨碗，据说，这象征着众议院的职能是“广纳民意”；而“H”形大楼的左边，则是同为四层的参议院大厦，而大厦屋顶的造型，则也是一个同样洁白，但碗口倒扣的巨碗，又据说，这又象征着参议院的职能是“集中民意”。两个大碗下面，就是参众两院的会议大厅，分别拥有1200个座位，内部设备据说不亚于联合国总部。我们的导游骄傲地对我们说：“这是世界上最大的议会建筑”。以我们在伦敦、巴黎、柏林和华盛顿等地的游历来看，所言非虚。

现在，我们就来到了“三权广场”的北面，一座造型简朴的、长方形玻璃盒式的建筑物面前。原来，这座名为“高原宫”的玻璃盒，就是巴西的总统府了。与美国华盛顿的白宫一样，这里看不到像法国的爱丽舍宫、英国的白金汉宫那样森严的警卫，游客和人民可以自由自在地在总统府门前散步，看鸽子飞翔，处处充满了一种和平宁静的气氛。据说，只有每逢星期五的下午，总统下班时，才会有两队穿戴着古代印第安人武士装束的卫队守候在大门的两旁，那时，往往会有许多巴西民众与外国游客伫立在此地，等着观看总统的风采。而总统出门时，也会亲切地在广场上散一会儿步，与在场的群众交谈几句。我们屈指一算，今天才是星期二，要想与巴西总统说声“Hello”，看来还得等上足足 3 天。

在总统府的对面，我们看到了一组气势雄伟的司法宫建筑群。世界各国的司法宫我们已经看得不少，但巴西的这一座却显得最为特别。司法宫即巴西的联邦最高法院，它虽不高大，但占地宽广，14 根洁白的几何形石柱，承托着一个巨大的平顶，据说，寓意着司法的“公平”。三层高的审判大厅门前，一片鹅卵石铺地的广场上，矗立着一尊正义女神的石雕像。仔细一看，我们惊讶地发现，这尊正义女神像与我们在罗马、英、美及世界各地所见的正义女神像都极不相同：其他地方的正义女神都是立像，而这一尊却是奇特的坐像。其他地方的正义女神都是一手握宝剑、一手持天平，而这尊却只是手握宝剑，没有天平。只见她右手持宝剑，左手握剑鞘，整把宝剑平放在她的双膝上，正欲出鞘。与其他正义女神相同的，是她亦蒙着双眼，神情坚毅，腰身挺得笔直，一望之下，一种“执法如山”“法律面前人人平等”的浩气扑面而来。

在巴西利亚一轮走马观花之后，我们的印象是：这座城市的规划、设计和它的建筑物造型，真的是处处都强烈地透露出一种“以人为本”“平等法治”的精神，透露出这个民族一种强烈的法治理念。这座“法治之都”，真可说得上是举世无双。这些年来，走南闯北，周游列国，所到之处，名胜古迹看了不少，什么山水园林城市、方格棋盘状城市、古堡城市、钢筋水泥森林城市、汽车轮上的城市都见得多了，但从来就没有一座城市，能像巴西利亚这样，留给我们这么清新而又强烈的印象。在这个城市里，你绝对找不到一尊帝王骑马挥刀、耀武扬威的雕像，也绝对看不见那些亚洲式的深宫禁院、“大墙文化”，以及那种令人窒息的衙门官气。人们能感受到的，只有“三权广场”上那种开放、自由、宁静的气息，以及，由广场上那尊抽象派的赤脚、手持长矛的“印第安武士”铜雕所表达出来的一种民族团结、民族自豪感，还有，在处处建筑物中无声地流露着的那种浓郁的“文明法治”的信念。

走累了，坐在“三权广场”最东端那一张露天石条长凳上，小憩一下，凝望着那根高耸入云的旗杆和那面迎风飞舞的巴西国旗，旗杆下，有一群身穿各式民族服装的青年男女正在忘情地跳着桑巴舞（一种糅合了美洲印第安人、非洲黑人和欧洲葡萄牙白人舞蹈特点的土风舞），此时此刻，我的心，不知不觉，也随着这种欢快的鼓声和乐声，被带上了不断盘旋着的蓝天。

极乐岛传奇：声纹学的起源

“如果我们不做任何前人没有做过的事情，我们就会永远待在一个地方，法律将停滞不前，而世界上其他事物则继续前进。”

——20世纪英国杰出的法官、司法改革家丹宁：《法律的训诫》

你知道什么叫“声纹鉴定”吗？如果你想知道的话，那么，你不妨跟我们一起去游览一下巴哈马群岛，去欣赏一下加勒比海的迷人风采。

1971年，美国一家名为MC Graw Hill的出版公司，找到了一位在当时美国颇有名气的叫克里福德·艾荣的作家，询问他是否有兴趣创作一部关于传奇人物霍华德·休斯的传记。当时，MC公司许诺艾荣，传记还未动笔，便先预付稿酬75万美元，事成之后，再付他75万美元。

这样高的稿酬，在当时全世界的出版业中，都是非常罕见的。艾荣内心挣扎了3秒钟，便马上答应了，并马上动手开始了写作。

霍华德·休斯究竟是何许人也？为何他的传记会这么值钱？原来，此人是20世纪中期美国一位大名鼎鼎而又极其神秘的怪富豪。说他“富”，是因为1968年美国权威的《财富》杂志统计，把他与当时美国的石油大王小保罗·吉提并列为全美的榜首，身家财产总值，估算都在20亿美元以上。说他“豪”，则是因为他的商业帝国，在当时的美国如水银泻地、无孔不入——他在拉斯维加斯拥有4家赌场酒店，他拥有环球航空公司77%的股份，他在好莱坞拥有自己庞大的影片公司，而美国许多在太空中日夜运行的通信卫星、登陆月球的太空船以及在越南战争中所大量使用的激光制导导弹，则大部分都是他全资拥有的森玛公司的出品。他的保镖，都是前任美国总统的贴身保镖和中央情报局退役的高级官员，而他自己，也曾是世界航空史上的一位英雄——他身高1.88米，丰神俊朗，年轻时，曾独自驾机环球飞行一圈。这个“环球飞行第一人”的世界纪录，相信是永远不会有人能再打破的了。因此，在美国人心目中，他是一位“富豪式的英雄”，或者说，是一位“英雄式的富豪”。

仅仅是以上两点，就足够让霍华德·休斯的传记出版能够轰动一时了。但更令世人瞩目的，是这位传奇式的人物，在他生命最后的16年里，却竟然完全从世人的视野中神秘失踪。于是，社会上便传言四起，有人说他躲在沙漠一家豪华酒店的顶层，遥控着他那个庞大的商业王国。有人说他因飞机失事心灰意冷，躲在一间豪华宫殿的斗室里卧床不起，性格也由此而变得很怪癖：不洗澡、不理发、不剪指甲，任由乱发垂腰、长须及胸，指甲和脚甲长得扭曲在一起，这一切使他看上去像个“三分人、七分鬼”的“人魔”。有人说，这个亿万富豪活得像个囚徒，吃得像个乞丐，只靠喝“金宝鸡汤”罐头过活，喝光了的罐头盒堆满了一屋。而他每日的生活，除了睡觉之外，就是在暗无天日的斗室里独自一人看电影，据说，他最喜欢的那部邦继电影《铁金钢勇破魔鬼党》，他反复播放了不下 150 遍，百看不厌。由于害怕细菌感染，他宁愿不穿衣服，光着屁股躺在床上，除了身边的几个侍卫保镖之外，其他人一概不见，连他的行政助理、替他打点那几十亿美元生意的高级助手们，也从来都只是在电话里“只闻其声，不见其人”。更有人说，其实霍华德·休斯早就死去了，他那班助理、保镖们秘而不宣，守着一具木乃伊而代他发号施令……不一而足。假如在这个时候，能有一部“如实”记述霍华德·休斯的隐居生活，直击披露他种种神秘失踪、隐居或死亡内幕的传记书籍出版，你想想，这出版商能赚到的金钱，将会是怎样铺天盖地地滚滚而来？

艾荣果然是一个创作小说的天才。他仅花了 15 天的时间，便写出了 120 页纸——“传记”的开头部分。MC 出版社找来几个很熟悉霍华德·休斯的人来看了，都感到写得细节真实，人物性格栩栩如生。于是，MC 公司便马上发出了“新书预告”，大张旗鼓地宣传，全美各地书店的订单，果然像雪片一般地飞来。

出版前景，一片光明。MC 公司已准备好了开香槟庆祝。

但此时，传说中早已死去的霍华德·休斯，却突然像幽灵一般地出现了。某日，全美各大报馆突然接到 NBC 广播公司的一份传真，传真件中说：已失踪了 11 年的霍华德·休斯通过律师委托

现代语音试验可以为人们提供多种分析数据。

NBC 公司，在某日，在洛杉矶好莱坞的别墅中召开记者招待会。

这真是“一石激起千层浪”。是日，全美各地大小新闻媒体的大小记者们蜂拥而至洛杉矶的贝弗利山上。谁知，会场上，记者们却到处都寻觅不到霍华德·休斯的身影，只是从主席台上的一个话筒里传来了一把神秘的声音。这把略显苍老的声音，自称是霍华德·休斯，然后，就宣读了一个简短的声明——“我，霍华德·休斯，从来不认识艾荣这个人，也从来未授权委托过他写我个人的传记。我不知道他从哪儿得知那些事情，也想不起我有任何像他那篇奇谈中所描写的野性与妄想。总之，这部所谓的‘传记’，其实只是一部纯属虚构的小说，而整件事情，则纯粹是一个骗局。”

困惑的记者们沉默了许久。因为，他们根本无法知道，电话那头，那个令人有点毛骨悚然的神秘声音是否就真的是霍华德·休斯。有个记者终于开口问："您现在在哪里呢？"电话里同样沉默了许久，然后，那个神秘的声音说："我现在，在离洛杉矶3000英里远的地方。"

这声音说的没错。霍华德·休斯此刻，正是在美国南端佛罗里达州南面的加勒比海天堂国——巴哈马联邦的一个小岛——极乐岛上，隔着一整片美洲大陆，与美国西海岸的洛杉矶记者们通话。而有关他的传言，后来查实，也大部分是对的，不对的只有两点。其一，在他神秘失踪的11年里，他隐居的地方不是"一个"，而是遍布三大洲七八个国家的30多家酒店，每到一处，他都把一座豪华酒店最高的两层顶楼包租下来，或索性买下来，楼下一层空置着，以防有人窃听，而他的商业王国大本营，则随着他全部住在顶楼。而当时，他在巴哈马的极乐岛上，已经隐居了4年。其二，那就是——他真的未死。

但当时，远在5000公里之外的洛杉矶记者们却不能肯定这一点。于是，他们便纷纷向这个神秘人提了许多刁钻古怪的问题，但这把声音都一一对答如流。当记者追问他那些古怪的社会传闻是否属实时，他断然地全部加以否认，并说他很快就将重出江湖，再回洛杉矶拍电影，并打算过一点平民化的生活，然后就挂断了电话。这历时十多分钟的神秘的电话会议，当晚立即成为了全世界许多报纸的头条。

在大批记者的围追堵截下，艾荣开始心慌了，但他仍心存一丝侥幸："11 年没人见过他！霍华德·休斯已经死了！这神秘的故事只是一个精彩的杜撰"。他声言要控告 NBC 广播公司。而 NBC 对这神秘的声音也是半信半疑，于是，他们决定向"声纹学"之父——劳伦斯·科斯塔请救，问他能否对电话里的神秘声音进行鉴定？于是，世界史上第一例"声纹学鉴定"的案例就因此而诞生了。

说起来，如同"指纹学"的起源一样，"声纹学"的起源，是源自"通过声音来识别个体"这样一种想法。第二次世界大战时，美国的科学家们便对这项技术作过初步的研究，但战争结束后，这项技术就一直束之高阁。只有一个人对此一直是念念不忘，这个人就是贝尔实验室的工程师劳伦斯·科斯塔。科斯塔坚信：声音与指纹一样，都是具有强烈的个人特征的。他认为，每个人讲话的器官——舌、牙、咽喉、肺、鼻腔的形态尺寸差异都很大，因此，任何两个人的声音图谱一定会有差异。他给人们的声音图谱起了个名字——"声纹"。通过多年的研究，他记录了 5 万个人不同的声音，找出了各人一些不同的声纹特征，并发明了一台音频图谱分析仪。此刻，正是对他的理论和发明的一次重大挑战。

要进行声纹鉴定，首先便需要有一份声音参照物。NBC 公司翻箱倒柜，好不容易才找到一盒 30 多年前这位怪富豪在国会参议院里的演讲录音带。尽管人的声音在几十年内可能会有一些变化，但科斯塔坚信，一些固有的个别特征，仍然会永久地保留下来。于是，就凭着这一盒残旧的录音带，科斯塔开始了他艰难的工作。

磁带的声音被输入了他的仪器，被转换成各种声纹的图谱。例如，音调、音质、高低区及其他各种元素，然后，再通过描笔将各种谱线记录下来。这样，科斯塔便得到了两种“声纹”：“屏障纹”和“轮廓纹”，前者用来作鉴定，后者用来作计算机汇集归类对比。

经过一条线一条线地进行对比和分析，科斯塔最后得出了一个惊人的结论：电话那头的那把神秘声音，毫无疑问，正是出自霍华德·休斯本人。

在科学技术的力量下，MC 公司和艾荣的骗局马上就崩溃了。一家瑞士银行因不想卷入这宗丑闻，此时破天荒地第一次打破了传统的“为客户保密”的规矩，主动向新闻界揭发了 MC 公司的一项罪证：MC 公司曾以 H.R. 休斯的名义将 75 万美元存入该银行，然后，再转存到一个名为 Helge.R. 晓士的人的名下。而事后查明，此人正是艾荣的妻子。

1972 年，艾荣被判“伪造罪”而锒铛入狱，非法所得全部没收。其妻因“串谋伪造罪”，也被洛杉矶法院判决入狱 30 个月。罪案的主谋 MC 公司，也因“诈骗罪”而被判罚巨额罚金，一场发财的春梦，就此而水流花落、烟消云散。

我们的世界法律之旅，现在就正漫步在极乐岛的海滩上。在我们身后的那座豪华酒店，正是霍华德·休斯当年在此地隐居了

4年的不列颠尼亚沙滩酒店。这个岛又名为“天堂岛”，位置处于被誉为“加勒比海的明珠”的巴哈马群岛的首府拿骚的对面。岛上花木葱茏，椰林连绵，水清沙白，人迹罕至，真是顶级富豪们旅游度假的一个天堂。如果不是因为艾荣事件暴露了行踪，霍华德·休斯这个“怪富豪”很有可能就会把这个岛也买下来，并在此地终老。但“传记事件”在当时的世界上闹得沸反盈天，弄得巴哈马殖民当局很不高兴——原来这个怪富豪完全没有办任何出入境手续，就暗中在此地长期非法居留。当时，英国殖民当局得知此事，马上出动大批军警要将这名富豪缉拿归案。“小不忍则乱大谋”，霍华德·休斯闻讯，只好仓皇出逃，乘一艘快艇离开了这个天堂岛。此后，他一直在尼加拉瓜、加拿大、英国伦敦、墨西哥等地流浪。1976年4月5日，他在墨西哥死去。遗体被运回美国得克萨斯州的休斯敦故乡，安葬在他父母坟墓的旁边。

据说他下葬的时候，拉斯维加斯赌场的赌徒们，曾停止了一切赌博活动，为他默哀了一分钟。

而我们今天到这里来凭吊这位怪富豪，则是因为，他曾在此地为人类的法庭科学——“声纹学”的进步，作出过一个重大的贡献。当年，由他而引起的那宗“声纹鉴定”案例，成为全世界第一宗被法庭采纳的“声纹证据”而被载入法律史册。而今日，鲜为公众所知的是：“声纹鉴定”，已日益广泛地成为全球各国警方有力打击各种隐蔽性犯罪活动——贪污受贿、证券市场的内幕交易活动——的克星。

日本传奇：一宗没有被告人的冤案重审

“在法的正义原则与现行的法律制度发生不可调和的冲突时，正义原则应占优先地位。”

——“二战”之后德国法学家拉德勃鲁赫对自己名著《法哲学》的反思

21 世纪之初，一个春光明媚的人间四月天，我们的世界法律之旅，来到了日本最南部的九州岛。

这个时候，日本中南部漫山遍野的樱花都已经落尽，只有在最北部的北海道地区，还可能会找到一些她的芳踪。

不过不要紧，因为我们此次日本之行的目的，不是来欣赏樱花，而只是想到熊本县这个偏僻的海滨小城，来寻找日本法律史上一宗奇特的案例——“松尾政夫的冤案重审”。

说起来，熊本县这个地方，只是九州岛西部一个默默无闻的海滨小城。她的更西边，与美国投下了第二颗原子弹的长崎隔海相望，而她的南边，则与因核爆污染而震惊世界的水俣市鸡犬相闻。尽管此地是山海相依、风光优美，但在世人的眼中，长期以来，她只不过是一个位于日本边陲的“乡下地方”。

不过，1989年，一宗在此地发生的审判，不仅极大地震惊了日本的朝野，而且，也曾经极大地惊动了整个世界。

现在，我们就已经来到了熊本县地方法院的门前。

据有关资料的记载：1989年的某日，这家平时车马稀少的法院门前，鸦雀无声。但法院之内、第201号法庭里，案件还未开审，48个旁听席上却都已坐满了人。

除了一个77岁的老妇人之外，旁听席上，全部都是从日本各地赶来的记者。他们怀着极大的兴趣，来亲眼目睹这一场日本法律史上史无前例的、破天荒第一次“没有被告人”的刑事复审案。

下午1时15分，法庭正式开庭。台上坐着的3位大法官，中间一人缓缓起立，宣布了判决结果：“根据日本国刑事诉讼法第136条规定：被告人因被威迫利诱而作出的口供，不能用为定罪的依据。本院判决：被告人松尾政夫，无罪。”

审判长松永昭次郎庄严的声音在201法庭里回荡着，可被告席上，那个本该有个人在欢呼的座位上，此刻，却空无一人。

而法庭上，也是一片寂静。

此时，人们的视线都转到了那个掩面抽泣的老妇人及其抱着的那张遗像上。看着看着，人们仿佛像看到，被告席上似乎坐着一个人，一个老实懦弱、淳朴天真而身负奇冤、执著倔强地申诉了几十年的人。人们都觉得，最起码，那儿应该有一个灵魂，法院就是在向那个谁也看不见，但确确实实是坐在那空空的被告席上的灵魂——赔礼道歉。

这到底是怎么一回事呢？原来，这就是那宗震惊日本朝野的、被逼供诱供铸成的、长达34年的“松尾强奸案”冤案。这宗冤案终于在松尾死后4个月内得到了平反昭雪。

说起来，松尾的案子还真的不算是什么大案子。

松尾政夫是个生活贫困，但从不发任何牢骚、一直老老实实地生活在社会最底层的平民百姓。除了老老实实地干活、挣钱、养家糊口之外，松尾什么坏事好事都没有做过。在松尾的一生中，从未想到过要去做反抗社会或是造福人类之类的大事。但他怎样也想不明白，麻烦事怎么就会落到他的身上。

这故事说来就话长了——

1954年8月31日，作为一个烧砖工人的松尾，好不容易才盼到了半个月一次的休息日。晚饭后，妻子说累了，工友说有事，松尾决定一个人去镇上看一场电影。

当年，看一场电影，就已经是普通人所能享受得到的一种最大的娱乐。一口气看完3部电影出来，已是晚上10点钟左右。松尾独自一人，轻松愉快地在砂川河防波堤下的小路上踏上了归途。

而麻烦就在这时发生了。

防波堤下的灌木丛中，大约5分钟前才刚刚发生了一起强奸案——一名歹徒刚刚逃跑，两名受害的女孩刚刚跑到前面一家小卖部呼救，而松尾就刚好在此时施施然而来，而身上穿的汗衫短裤又刚刚好与逃犯穿的是一模一样。不由分说，惊恐过度的女孩

日本最高法院的建筑外观。

日本最高法院的大审判庭。

一口咬定："就是他"！于是，松尾便被送进了警察局。

在警察局里，惊恐万状的松尾把那句"我什么也没干"念叨了不知几百次。可警察越来越不耐烦，态度也越来越凶恶："胡说！""撒谎！""快痛痛快快招了吧！""非把他关几年大牢不可！""再胡扯就让你脱层皮。"五六个警察狂怒地挥拳头、戳背肩、拍桌子，展开了轮番的逼供。

凌晨5时，在连续被逼供6小时，头脑发麻、吓得缩成一团，肉体上精神上再支撑不住了之际，一个警察突然温和地问了一句："有老婆吗？"

老实怕事的松尾脑海里，马上浮现出妻子一个人在家孤零零等待的样子。警察不失时机地骗了一把："如果你坦白交代了，马上就放你回家。"

"真的？不是在骗我吧？""警察怎么会骗人呢！"所有的警察都打着哈欠，喷着烟圈，随声附和。松尾的心有点儿动了：姑且先认了，躲过这一关，日后再说出真实情况来，不是也可以吗？他只想着尽早回家与妻子团聚，没想到，这一失足竟成了千古恨。

糊里糊涂的松尾开始了他的"坦白"。对犯罪的情节过程，警察想当然地胡猜一句，松尾就"唔唔、对的、是的"地招认一通。故事一编完，手印一摁下，一副冰冷的手铐就把他铐了个背朝天。

松尾的噩梦这才是刚刚开始。当他明白自己真的被骗了时，求生的本能令他不停地呼喊："我没干！我真的没干！"这句话，在其后的30多年里，他肯定对所有的日本警察、法官、检察官、律师，政府大小各级衙门、报社、记者、人权委员会、街坊邻里不停地呼喊过几百次、几千次甚至几万次，可是，又有谁会认真地去听一听这微不足道的小人物的声音呢？这下子，松尾陷入了一个极度孤独的、恐怖绝望的无底深渊里。

一个刚从大学毕业的年轻检察官，在起诉审查中只会生硬地与松尾顶牛："你干了""我没干"。一个由法院指派的律师，因松尾贫穷而对松尾漠不关心。一个冷酷专断、只会按冰冷的法条去办事的法官，在判了松尾3年监禁之后，还判其支付一大笔诉讼费用。看着皮包骨头、精神恍惚的松尾，就连拘留所的看守都起了恻隐之心，他们纷纷劝松尾早些服刑，养好身体，再想办法平反。

等松尾在狱中待足3年出来时，他已经41岁了。在此后的31年里，他不停地喊冤，不断地申诉，不停地被法庭驳回，但他仍不停地寄信，不断地流浪奔走，不停地对所有遇到的人说："我没干，我真的没干。"直到有一天，他遇上了大名鼎鼎的相马律师。

相马达雄，日本东京著名的刑事律师，以为民请命、坚持正义而蜚声日本。他有句名言："天塌下来也要把正义坚持到底。"他一眼就看出了本案中有五个重大的疑点：

一、据受害人证词，强奸犯往受害人求救的相反方向仓皇逃跑了，怎么又会不合情理地转回来，再沿着受害者求救的方向前行，施施然地自投罗网？

二、当晚虽有月光，但防波堤下灌木丛中漆黑一片。被害女孩与案犯纠缠多时尚且看不清凶徒面目，但比她先逃一步的女友，何以能十分肯定地说“就是他”？

三、最重要的一点是，被害女孩衣裤上的精液 DNA，与松尾的精液 NDA 根本不同。

四、松尾的圆领衫、短裤，丝毫没有在草丛中滚打摩擦过的草汁、泥浆痕迹。

五、松尾虽作过一次认罪供述，但几十年来却无数次地奔走喊冤，且认罪供述漏洞百出，当初办案的警察肯定有逼供诱供的嫌疑。

必须申请“司法重审”！但申请“司法重审”又谈何容易？难题接踵而至。

首先是当年的审讯案卷，依日本司法界的惯例，5 年后已被销毁。没有案，谈什么翻案？当时，人们比喻打开“刑事案件重审”这扇门之难，好比是让骆驼穿过绣花针孔。30 多年前，经过警检法各个机关层层认定，一审、再审、三审层层维持原判，且服刑完毕的一项判决，如果那么简单地就能被推翻的话，那么，整个日本的司法系统就会成为一个笑话，整个国家的司法制度就会被动摇，而整个社会的秩序就会崩溃。况且，像松尾这样毫无法律知识、老实得可悲的人，只会执拗地千万次地重复着“我没干，我真的没干”，这样去申请案件重审，就好比是一只小小的蚂蚁向一头大象挑战一样，滑稽而无望。

但凭着一腔法律学人特有的正义感，相马律师在百忙之余，在没有一分钱报酬的情况下，不仅耐心地倾听被人讥为疯老头的松尾语无伦次的叙述，还四处搜寻证据、勘察现场、遍访当年的当事人，而这一切费用，甚至连松尾的午饭钱都是相马付的。经历过10年的奔走呼号，相马律师，终于争取到此案的司法重审。

但距审判重开的4个月前，松尾政夫的生命却已经走到了尽头。他一生坎坷，奔走呼冤，到此时，已因心力交瘁，一病不起，溘然长逝于医院了，享年72岁。

没有原告人，还可以找公诉机关代替。但没有原始起诉书、没有原始供词、物证等案卷，更重要的是，连被告人也没有（松尾死后，其妻因结婚40年一直没有办理婚姻登记，法律上不能成为其合法的代表人），这宗34年的冤案还怎么重审？这件小人物的小冤案，一时引起了日本全国上下的震动和关注。

不过，在相马律师的智慧与11年艰苦的努力之下，这一切问题都已经不太是问题了。

相马律师成功地令检察院、法院相信：本案中，人证的可信度极低（科学方法现场试验，一米之外根本看不清人样）。物证全无。唯一能证罪的就是松尾自己的认罪口供。而这口供，任何明眼人都看得出：是警察违反了“沉默权”，用威迫利诱的手段编造出来的逼供诱供，在任何信守联合国司法公正准则的法庭上，都不能用作定罪的依据。可以说，这件案从一开始就是一宗没有任何证据的、极其荒谬的、令人难以置信的冤案！

事实胜于雄辩。连警方也不愿再坚持自己原先的意见了。为了维护司法公正，也为了还松尾一个清白，熊本县地方法院的法官们毅然决定，绕开一切障碍，举行一场在日本历史上史无前例的、破天荒第一次“没有被告人”的重审。

重审的结果我们已经知道了——松尾政夫洗清了34年的冤屈。这个一度被社会完全抛弃、单枪匹马、徒劳挣扎但永远坚持呼喊“我没干”的小人物，赢回了他的人格尊严。

而在相马律师赢得了他的职业生涯中这场光辉胜利的同时，我们不难发现，日本的法律界、司法界，也赢得了一场伟大的胜利，那就是——司法文明、司法公正的胜利。

众所周知，历史上，日本长期存在一种“封建专制加军国主义”的传统。即使在“明治维新”时候，以德国法律为蓝本进行过一次法律改革，但其法律文化中的“公平、正义”和“民主、自由”的基因，比腓特烈大帝时代的德国，不用说，自然是差了很多，而法西斯主义的野蛮兽性，则可说是“有过之而无不及”。但是，人们不可忘记：自第二次世界大战日本战败投降后，在美军占领时期，日本又曾被强制推行了一场民主改革。这次改革，在经济、政治和法律、法学等领域，终于全面扫除了封建专制的残余，全面向英美现代国家的民主政治、市场经济和法律制度学习靠拢，于是，30年后，从原子弹爆炸过的废墟之上，日本便再次腾飞，又一次成为亚洲的一条强龙。

而联合国的“司法公正”准则，和英美刑事诉讼法中的“保护人权”观念及刑事被告人的“沉默权”等先进的法律理念，便是在此时随着美国宪法、美国宪法的第五修正案流入了日本。

而“松尾政夫强奸重审”一案，就正好见证了日本的司法进步、“公民权利”观念随着英美法的传播和联合国司法公正原则的传播而在日本不断得到强化的那个艰难过程。说起来，松尾只不过是为了维护做人的名誉而战，而相马律师则是为了维护人权、为了维护联合国司法公正原则和促进本国司法进步而战。

漫步在熊本县远离烦嚣的青山绿水之中，我忽然想起了一句古老的西方谚语：即使最微不足道的人，也是有他们的志气的。

又想起了同样古老的另一句西方格言：即使是一条狗，在一生中也应该会有几次机会。

松尾政夫及其妻子，这么一对常常面带微笑而又孤苦清贫、无依无靠的夫妇，悄然生活在熊本偏僻的乡下，遭受到一场不白之冤和灭顶之灾，他们不是怨天尤人，而是互相扶持，执着地走上了一条漫长而又艰难的申冤之路。虽然难免徒劳，但他们总是怀着对司法正义的信仰。终于，随着社会的进步，司法的进步，他们的命运，也在不可思议的逆境中出现了一种不可思议的转机。这一对至卑至微的老夫妇对人生的积极态度，对“司法公正”的虔诚信仰，不也是很值得我们深思、值得让一切曾蒙受过冤屈的人内省、学习的吗？

在那个人间四月天的日子里，忽然，我仿佛看到熊本县的山野里，正绽放出一树一树美丽的樱花。

二十一世纪："沉默权"风云再起

"在立法上，应当允许沉默权，而又要鼓励犯罪嫌疑人陈述，以利于查明案情，即采取'沉默不从严，坦白要从宽'的政策。"

——中国法学会副会长、中国诉讼法学研究会会长、中国政法大学终身教授、博士生导师陈光中：《论中国刑诉法与国际准则接轨》

从来没有一项司法规则，会像"沉默权"规则那样，在国际司法界中备受争议而又戏剧性地高潮迭起了。

早在20多年前，由于受到恐怖主义组织爱尔兰共和军的频频袭击，在世界上最早创立了"沉默权"的国家——英国，便不得不开始去正视和考虑这样的一个问题：不利于查案、破案的"沉默权"，是否应该修理修理了？于是，在英国，一项名为"有限沉默权"的刑诉法新规则，便应运而生。

什么是"有限沉默权"？英国缘何会遭受到恐怖主义的困扰？看来，这故事还得要从头说起。

在烟波浩瀚的北大西洋海面上，星罗棋布地散落着上万个美丽的岛屿。其中，距离英伦三岛西面不远，有一个面积只有不列颠岛1/3的小岛，名叫爱尔兰。

中国素来有句古语，叫作“远亲不如近邻”。但英伦三岛与爱尔兰这一对近邻，却自古以来就是一对不共戴天的冤家。

虽然风光极其优美，但今天却依然贫穷落后的爱尔兰，在它千余年的历史上，最显著的特点只有三个：音乐、宗教和苦难。千百年来，爱尔兰的“踢踏舞”风靡全球，而都柏林，则一直是享誉世界、媲美维也纳的“音乐之都”。但千百年来，爱尔兰却一直被其紧邻的英国地主们无情地劫掠、压榨和屠杀，再加上根深蒂固的天主教与英国新教的宗教冲突，是是非非、恩恩怨怨交织在一起，很不幸，令爱尔兰民族的血液中，世世代代遗留下一种对英格兰人无穷无尽的仇恨。

更为不幸的是，历史曾无数次地证明过：在那些贫瘠落后而又充满仇恨的山沟里，长不出奶牛和蜂蜜——公平、正义、博爱等人类最伟大的理想；相反，却可以盛开出遍地如火如荼、美丽而有毒的罂粟花——恐怖主义。历史上，爱尔兰对英国的恐怖主义活动可说是源远流长了，虽然，你可说一手播下了这些邪恶种子的英国人是自食其果，但当年，爱尔兰共和军游击队策划的、无日无时的汽车炸弹、街头枪战、绑架暗杀、残害无辜等暴行，却实在也为全人类的文明所不容。

恐怖主义是对全人类生命和良心的藐视！恐怖主义是对全世界秩序与和平的挑战！于是，十余年来，英国刑事司法制度的钟摆，便从历来的偏向“保护公民权利”的那一边，开始反过来，向有利于“打击犯罪”的那一边倾斜。

欧洲人权法院（European Court of Human Rights）的主审庭和建筑外观。欧洲人权法院设在法国的斯特拉斯堡，是一个全职的常设性机构。

追寻着世界法律观念演变的足迹，新世纪之初，我们的法律之旅又再次来到了伦敦。

1988年，英国政府就以“沉默权严重阻碍犯罪调查”为理由，通过了一项《刑事证据法令》，对沉默权的适用范围作出了重大的限制。例如，假若在嫌疑人身上或住处发现与犯罪有关的物品或痕迹，又或者嫌疑人被发现在犯罪现场或附近，而他又不肯解释原因时，法庭都可以据此法令，而作出对嫌疑人、被告人不利的推断。

“一国两法”？此《法令》一出，全英国马上出现了一片激烈反对的声浪。当时，人们曾普遍担心，“有限沉默权”会导致警察暴力的滥用和冤假错案的增多。但在恐怖主义分子一片激烈的枪声、爆炸声中，慢慢地，支持“有限沉默权”的呼声便终于占了上风。1994年11月，英国议会，这个一贯以保守著称的立法机构，终于毅然决定对英国发明的沉默权规则，进行一次颇具现实性的改革。当时，在大本钟下的这座英国议会大厅里，英国上议院曾以大比数票数通过了一部《刑事司法和公共秩序法》，该法律把《刑事证据法》中关于有限沉默权的4条条文，几乎是原封不动地明列在它的第34条至第37条中。

对此举热烈欢呼的，自然是英国广大的司法警员，还有，许多曾经蒙受过恐怖主义犯罪活动惨祸的受害者和被害人的家人。

但打那以后开始，欢呼过后，英国的警察、法官们便要比别国的同行们多了一点麻烦，即当他们一方面要“依法”向被拘捕的人宣读“你有权保持沉默”的同时，另一方面，却又要“依法”向被告人说明——在某些特定的情况下，你“保持沉默”即是有罪——“您自己看着办吧！”

英国对沉默权规则的这一重大改革，不可避免地在国际法律界引起了极大的震动和广泛的批评。许多法学家批评它转移了举证责任，损害了“无罪推定”的人权原则，并批评它极容易导致警察权力、暴力的滥用，等等。有的法学家更悲愤地说：“沉默权这一古老的文明，将被消灭于曾诞生了它的那个国家！”而这时候，有一个犯罪嫌疑人更是趁机起哄，把英国政府告到了欧洲人权法院。一时间，欧洲法学界的空气变得紧张起来。

1996 年 2 月 8 日，欧洲人权法院接到了一宗英国人默里（Murray）诉英国政府的上诉案。上诉人默里称：北爱尔兰地区法院依照英国那部限制沉默权的“恶法”，对他被拘捕审讯期间“保持沉默”的行为，作出了有罪的推论和判决，是对《欧洲人权公约》第 6 条（公正审判）明显的违反和侵犯。

欧洲人权法院本来对英国的“有限沉默权”也颇有微词，但出于审慎的考虑，却也不愿公开站出来对这一项改革说三道四。现在，默里的起诉，却把人权法院迫到了墙角！经过一番激烈的争议，欧洲人权法院 12 名大法官最后以 7∶5 的多数票作出了一项巧妙的裁决。判决书说：即使英国法官对嫌疑人的沉默作出了“不利的推断”，也并不构成对《欧洲人权公约》第 6 条——“保证被告人能得到公开、公平、公正审判的权利”——的侵犯。“默里诉英国”一案，就此被连消带打地驳回。

“限制沉默权是否等于侵犯了人权？”对这一个尖锐的问题，欧洲人权法院终于给出了一个“不等式”的“说法”。

尽管世人对欧洲人权法院的判决批评为“模棱两可”，但“两岸猿声啼不住，轻舟已过万重山！”至此，英国“有限沉默权”的改革，看来，是已成功地经受了一次挑战和考验。

或许，英国司法改革的这一小步，日后，又势必会发展成为人类文明的一大步？

有趣的是，英国这边才刚刚风平浪静，而美国那边，“沉默权”问题却又风云再起。

风波的源头，来自于一宗著名的“迪克森诉合众国案”。

查尔斯·迪克森是一个银行抢劫犯。1997年，他经不起几个损友的诱惑，参与了持械抢劫弗吉尼亚州的一家银行。但他的运气却是糟透了，才一动手，便被警察发现，接下来便是被缴械、被一副冰冷的手铐戴上了手腕。懊悔不已的迪克森，在警察还未来得及宣读他的权利时，便迫不及待地一五一十地对警察作了坦白认罪并供出同伙。后来，根据他的口供，在县法庭上，他被判处一项盗窃罪和三项非法使用枪支罪。如果四项罪名都成立的话，那么，这个倒霉蛋蹲大牢的日子，预计最少不会低于20年。

但此时，麻烦出现了。

这麻烦是什么？想读者们也一定早就明白。这麻烦就出在：

1986年9月26日，经总统罗纳德·里根任命后，威廉·哈布斯·伦奎斯特担任联邦最高法院首席大法官，直至2005年9月3日去世为止。监誓人是即将卸任的沃伦·厄尔·伯格首席大法官。

拘捕了迪克森的那位联邦探员，事实上，从未有对迪克森宣读过他的权利，即依足程序告知他那条著名的“米兰达警告”——“你有权保持沉默”！

后来故事的发展，其全部情节，便几乎是与“米兰达案”一模一样的翻版。

先是一个律师找到了迪克森。然后，迪克森听到了一堂有关“沉默权”的普法教育课。最后，迪克森也如 30 多年前的米兰达那样地蹦了起来，狂叫：“告那家伙！”

弗吉尼亚州东部地区法庭很不情愿地受理了这宗似曾相识的上诉案。案情一清二楚，答案一目了然，有大名鼎鼎的“米兰达案”的经典判例在上，任何美国法官，不管你高兴不高兴，你所能做的事，都只能是不假思索地遵循先例，把迪克森宣布无罪释放。

但弗州的法官们心有不甘：历年来在美国，像此类的案件实在是太多了！仅仅是因为警察在执法时犯了一点点无伤大雅的小错，仅仅是因走错了一小步程序，便要让那些罪证确凿甚至是恶贯满盈的罪犯们逍遥法外？更可怕的是，放虎归山之后，这些罪犯们绝少会从此洗手不干。相反，他们的反侦查经验更丰富、贼胆往往会更包天，日后再有恃无恐地去犯案，对社会势必会造成更大的祸害！面对着这些很不想放但却又不得不放的匪徒们，美国的法官们，往往是窝了一肚子的火。

于是，心怀怨愤的弗州法官，便一脚把皮球踢给了联邦第四巡回法庭。不出所料，第四巡回法庭的判决，果然是严厉地、毫不客气地给了迪克森当头一棒！

巡回法庭的判决书说：根据1968年美国国会颁布的《犯罪控制混合法令》：“被告人出于自愿的坦白，可以在审判中采用为对其证罪的证据，即使是未向被告人告知他们的权利。”据此法令，驳回迪克森的上诉：警员无错！迪克森还是有罪！还是该被投入漫长的牢狱！

迪克森和他的律师当场吓傻了眼。

原来，鲜为人知的是：在美国，居然还有这样一部与“沉默权”相反的法律！

原来，1968年，也就是在著名的“米兰达规则”确立2年后不久，美国国会参众两院又通过了一部法律，就是上述巡回法庭援引过的《犯罪控制混合法令》（又称为 3501 法）。该法令规定：为了更有效地打击犯罪和控制犯罪，警员在执法的时候，即使没有向犯罪嫌疑人告知“米兰达警告”，法律也允许警察有权要求疑犯自动坦白罪行。

尽管在美国，这一把有利于警员的“尚方宝剑”尘封已久，亦几乎从来就不曾有人去认真舞动过，但出于对“沉默权”规则放纵了不少罪犯的看不顺眼，联邦第四巡回法庭的法官们，便决心要重新擦亮这把宝剑，拿迪克森开刀。他们斩钉截铁地宣称：由于该法令的制定时间在“米兰达规则”之后，所以：依照惯例，可以认为：这一法律已经取代了“米兰达规则”。换言之，“米兰达规则”——“你有权保持沉默”的说法，早就已经失效、过时、下课了！送本 3501 法令给你，蹲在牢里好好读读吧。

法庭的判决一出，想象得出美国是一片哗然。许多民众暴跳如雷，而许多警察却是在热烈欢呼。而迪克森却是别无选择，不是鱼死，就是网破！于是，官司便不可避免地打到了联邦最高法院。

美国法律界，一场对“沉默权”规则史无前例的大挑战终于开始了。

想起来确实是有点儿好玩。世纪之交，正当我们在地球的这边热烈地争议着“沉默权”应否上岗的时候，在地球的那一边，美国人却正在同样热烈地争议着——“沉默权”应否下课？

我们现在，又再次来到了华盛顿的联邦最高法院大门外。

2000 年 6 月 26 日，美国东部时间下午 2 时，联邦最高法院 9 名德高望重的大法官，在全球刑事司法界和民权组织的屏息注视下，开庭审理了沸沸扬扬的“迪克森诉合众国”一案。

本案开庭的时候，当年制定了那条家喻户晓的“米兰达规则”的沃伦大法官已经作古，此时的首席大法官、“九鸟之头”的宝座，已换了威廉·伦奎斯特来坐。伦奎斯特此人一贯以保守著称，在其数十年的法槌生涯中，曾无数次地对“沉默权”提出过许多杀气腾腾的批评。今次，“米兰达规则”的命运落在他的手里，规则是否会重新改写？

对迪克森这个倒霉蛋的命运，此时，已根本没人去理会了。美国人最关心的是：伦奎斯特大法官，是否会趁机抡起 3501 法的尚方宝剑，去废掉“米兰达规则”的武功？去让已有 30 余年历史传统的“沉默权”下课？许多热烈支持“沉默权”的美国民众，恐惧地等待着开庭；而许多激烈反对“沉默权”的美国警察，却是在暗暗想象着——明日世界各大报章的头条！

戏剧性的一刻，终于在傍晚时分出现——

“你有权保持沉默。你所说的一切都可能在法庭上用作不利于你的证供！”

首席大法官伦奎斯特在宣布判决前，出乎所有人意料地，慷慨激昂地高声宣读了这一举世闻名的规则。然后，他用所有人都深感意外的语调继续强调道：“30 多年前，由沃伦首席大法官领导的联邦最高法院，在‘米兰达诉亚利桑那州’一案中所确立的规则，植根于美国宪法之中，因此，不能为国会立法所废弃或取代……”

他语重心长地接着指出道：“米兰达规则，已成为我们国家文化的一部分，而已深深地铭记在警察的日常生活中……联邦最高法院借此案例（迪克森案）再次旗帜鲜明地表示：保护犯罪嫌疑人不得被强迫自我归罪，对于美国法律和美国生活来说，是不可或缺的！”

最后，他庄严宣布：“联邦最高法院对本案，以 7∶2 的票决，坚持那条具里程碑意义的规则。即再一次重申：警察对犯罪嫌疑人进行讯问之前，必须对其宣读‘米兰达警告’。”

迪克森终于侥幸地逃过了大难。

许多美国的民众，当场爆发出一阵阵巨大的欢呼！

而许多美国的警员，却长长地、重重地叹了一口气。

私下里，“全美警察协会”对此判决表示愤怒和失望！在公开场合，联邦总检察长、前司法部长雷诺女士则表示：对此判决保障了美国一项优良的司法传统而感到高兴。

或许，还是前纽约警察总监帕特里克·默菲说的一句话最有风度而又最耐人寻味。他说：“在一个民主社会里当警察，是我们特殊的荣幸。”而这句外交辞令背后的潜台词，却分明在无可奈何地叹息：在美国，警察这份工，真的不易混！

不管怎么样，“沉默权”在美国的命运，终于是“有惊无险”。